I0842364

Über das Buch:

Vor einigen Jahren ist es Wissenschaftlern gelungen, eine Fliege auf die Hälfte ihrer normalen Größe zu verkleinern.

Könnte dies in Zukunft auch mit Menschen möglich sein?

Wie weit sind wir davon entfernt und was wären die Konsequenzen?

Eine neue Sichtweise der Zukunft entsteht...

Über den Autor:

Woldemar Wenzelsky, 173 cm groß, arbeitet als Konstrukteur im Sondermaschinenbau. Ist verheiratet und hat zwei Kinder, zurzeit 143 und 162 cm groß.

Woldemar Wenzelsky

Mit verkleinerten Menschen in eine bessere Welt

Die Zukunft der Minis

Sachbuch

Impressum

Mit verkleinerten Menschen in eine bessere Welt

Die Zukunft der Minis

Copyright © Woldemar Wenzelsky

Woldemar-Wenzelsky@web.de

August 2007

Umschlagmotiv: © Woldemar Wenzelsky

Herstellung und Verlag: Books on Demand GmbH, Norderstedt

Printed in Germany

ISBN-13: 978-3-8370-0358-1

Inhalt

VORWORT

Es gibt kaum Dinge, von denen man nicht gelesen oder gehört hat.
Es gibt wenige Themen, über die nicht diskutiert oder nachgedacht
wurde. Es gibt kaum Dinge, die noch nie ein Thema waren.
Es könnte aber gut möglich sein, dass Sie das, was Sie im Folgenden lesen werden, noch nie gelesen, gehört, diskutiert oder gar ge-
dacht haben.
Dann ist es Zeit, dass Sie es lesen, überdenken und diskutieren,
denn es geht um die Zukunft der Erde, der Menschen und des Lebens – also um fast alles.

DAS PROBLEM

Es gibt in Zukunft zu viele Menschen, die dann kaum Nahrung und
Wohnbereiche haben werden. Die Ressourcen der Erde werden
nicht mehr ausreichen und deren Bergung und Gewinnung wird zu
aufwendig. Fossile Energien reichen nicht mehr aus. Konflikte und
Kriege sind vorprogrammiert. Hinzu kommt die Umweltverschmut-
zung, die die Lebensbedingungen unserer Enkel zusätzlich er-
schwert.
In den nächsten 50 Jahren wird sich die Problematik extrem ver-
schärfen.
Die Weltbevölkerungszahl steigt unausweichlich und exponential,
auch wenn zurzeit in europäischen Ländern diese Tendenz nachge-
lassen hat und der Bevölkerungszuwachs in Deutschland sogar
rückläufig zu sein scheint. Es werden weniger Kinder gezeugt und
die alternde Gesellschaft sieht ihre Rente schwinden. Dieser Zustand wird sich (wenn er allen ins Bewusstsein gedrungen ist) innerhalb einer Generation schlagartig ändern. Die angehenden Alten
werden mit der Kraft ihrer politischen Mehrheiten das Ruder umlen-
ken und Maßnahmen unterstützen, die neue Renteneinzahler schaffen. Die Bandbreite der Vorschläge wird dann von finanziellen Anrei-
zen für Mütter mit Kind über Ausbildungs- und Arbeitsplatzgarantie
bis zu unterschiedlichen Einwanderungsmodellen, die die Wende
herbeischaffen, reichen. Es ist nämlich kaum vorstellbar, dass Europa mit der hier herrschenden hohen Lebensqualität bevölkerungs-
technisch halb leer bleiben sollte, während andere Kontinente von im

Elend lebenden Menschen überquellen. Wir haben die Anziehungs-
kraft Westdeutschlands auf die Ostdeutschen und auf Einwanderer
in den letzten Jahren erlebt. Sollten wir wirklich viele junge Menschen brauchen, würden wir diese auch bekommen. Europäer könnten die am besten ausgebildeten und motiviertesten Beschäftigten
holen, die die Wirtschaft sicherlich ankurbeln würden. Im Endeffekt
wird die Bevölkerungszahl wieder wachsen, so wie die Wirtschaft
wachsen muss, damit wir unseren Wohlstand beibehalten können.
In China ist das Wirtschaftswachstum sehr hoch, freieres Wirtschaf-
ten ist angesagt, Eigentumsverhältnisse werden jetzt anders gesehen als noch vor 20 Jahren. Es ist zu erwarten, dass die neuen Tendenzen und Freiheiten auch das Bevölkerungswachstum dort
beschleunigen werden. Zurzeit wird noch der Wunsch nach mehreren Kindern reglementiert. Es ist nur eine Frage der Zeit, bis dies
geändert wird.
In anderen Ländern mit hauptsächlich moslemischer und hinduisti-
scher Bevölkerung wächst die Anzahl der Menschen am extremsten.
Global gesehen wird es eine Bevölkerungsexplosion geben mit all
den Problemen, auf die die Menschheit langfristig nicht vorbereitet
ist.

DIE GLEICHGÜLTIGKEIT

Die Menschen sind von Natur aus bequem und egoistisch, viele sind
faul und wenn sie keine Regeln beachten müssten, würden sie sich
vieles noch einfacher machen. Man denke nur an die verdreckten
und bewachsenen Autobahnauffahrten. Verdreckt sind sie, weil sie
bewachsenen sind und der Müll rauswerfende Autofahrer von keinem gesehen wird. Auch Steuersünder, die glauben, nicht erwischt
zu werden, gehen ein kalkulierbares Risiko ein und hoffen, damit
durchzukommen.

Warum sollte diese Lebewesenart sich große Sorgen um die nächsten Generationen machen?
Man hat viele eigene Sorgen und Probleme, die man bewältigen
muss.
Dass unsere Nachkommen auf unsere Zeitgenossen bauen können,
ist unwahrscheinlich.
Die Politiker verschulden die folgenden Generationen, um jetzt ein
paar Stimmen mehr zu bekommen und selber wieder einige Jahre
bei gutem Gehalt weitermachen zu können.
Deren Rente ist ja gesichert, auch wenn sie nach vier Jahren abge-
wählt werden.
Es werden sinnvolle internationale Kriterien aufgeweicht, um dem
Wähler die notwendigen Maßnahmen, die mit Verzicht einhergehen,
zu ersparen. Das alles geht auf Kosten unser Nachkommen, die sich
natürlich nicht wehren können. Aber auch wir als faktische oder zukünftige Eltern akzeptieren das, weil dieser Weg uns weniger abver-

langt – zumindest im Augenblick. Die meisten wissen aber, dass der Zeitpunkt kommen wird, an dem die Verschuldung nicht mehr tragbare Dimensionen annimmt, und die meisten wissen auch, dass dann extrem harte Maßnahmen auf uns zukommen müssen. Unsere regierenden Volksvertreter hoffen wohl, dann persönlich über dem Berg zu sein - und nach ihnen die Sintflut.

Kurz gesagt, unsere Zukunft wird nicht rosig sein – die unserer Enkel erst recht nicht. Auf jeden Fall tun wir nichts, damit sie rosig wird.

„Die müssen schon selber zurechtkommen. Wir haben auch unsere Probleme lösen müssen und haben einen oder zwei Kriege und die Wiedervereinigung überstanden" sagt man.

Der normale Zeitgenosse unterstützt, im Rahmen eigener Möglichkeiten, meist gerne eigene Kinder und Enkelkinder - wenn er sie kennt. Die Bereitschaft, für den weiteren Nachwuchs in unserer Gesellschaft etwas zu leisten, ist eher gering. Das kleine Erbe für die Kinder reicht gerade mal für ein neues Auto.

Der Normalbürger ist auch finanziell kaum in der Lage, große Reichtümer anzuhäufen, die auch noch für die Enkel reichen würden. Viele haben Schulden gemacht, dann gibt es gar nichts.

Warum sollte sich diese Spezies Gedanken über Artgenossen im nächsten Jahrhundert machen bei den vielen eigenen und aktuellen Problemen?

Wenn man von Zukunft der Menschheit spricht, ist das für viele uninteressant, nach dem Motto eines Volksliedes: „in 100 Jahren ist alles vorbei". Effektiv haben sich die meisten noch weniger vorgenommen. Den Kinderlosen brauchen im Schnitt nur die nächsten 50 Jahre zu interessieren.

DIE HEUTIGEN ALTERNATIVEN

Was gibt es für Alternativen für die Menschheit, um die zukünftigen
Probleme der Überbevölkerung zu reduzieren?

1) Strenge Geburtenkontrolle

2) Sparsames Umgehen mit Ressourcen

3) Entwicklung neuer Technologien, um preiswerter regenerative
    Energien nutzen zu können

4) Entwicklung neuer Nahrungsmittel, die schnell und in großen
    Mengen herzustellen sind

5) Gerechte Verteilung der Nahrung

6) Eine gemeinsame Verpflichtung der reichen Staaten, der „3.
    Welt" regelmäßig einen kleinen Anteil ihres Bruttosozialproduk-
    tes, in welcher Form auch immer, zu „schenken", also die jetzige
    Hilfe extrem zu erhöhen

7) Ansiedelung der Menschen auf den beiden Polen, den Meeren
    oder sogar unterhalb der Meeresoberfläche

8) Besiedelung fremder Planeten

An den Punkten 1 bis 5 wird schon krampfhaft gearbeitet, aber die Ergebnisse sind dürftig.

Eine gerechte Verteilung ist praktisch und politisch kaum möglich.

„Schenkungen" kann sich heute kein Staat mehr leisten, und Spenden werden in der Zukunft wie ein Tropfen auf den heißen Stein wirken. Ansiedelungen in extremen Regionen, geschweige denn auf Planeten wären das Extremste, sind technisch kompliziert und schon für wenige „Umsiedler" nicht finanzierbar.

Die Lebenshaltungskosten für zehn Personen auf dem Mars würden das Budget jedes Landes sprengen.

Man könnte vielleicht noch andere fantastische Ideen hinzufügen, die aber für größere Menschenmassen kaum zu realisieren wären.

Die oben beschriebenen Maßnahmen werden nichts an der Misere ändern, dass die Spezies Mensch sich sehr stark vermehrt und die Erde ihr zu klein wird. Ob sich das in 100 Jahren schlagartig verbessert, bleibt eine Hoffnung.

Sollte die Menschheit in den nächsten 200 Jahren nicht durch größere Kriege, Epidemien, Krankheiten oder Katastrophen heimgesucht werden, könnte man nach dieser Zeit mit einer Weltbevölkerung von 20 bis 40 Milliarden Menschen rechnen. Diese müssten bis dahin die wichtigsten Probleme einigermaßen gelöst haben.

Es müssen also neue Alternativen gesucht werden, um die anstehenden Probleme der Überbevölkerung in Zukunft zu lösen.

Den meisten Zeitgenossen ist es scheinbar egal, was mit folgenden Generationen passiert.

Es werden Schulden gemacht, die Umwelt wird verschmutzt, die Natur ausgebeutet. Denen, die keine Kinder haben oder noch keine Kinder haben, sind die Enkel, geschweige denn Urenkel gleichgültig. Man kennt sie nicht. Die, die aber Enkel haben, sollten sich mindestens darüber Gedanken machen, in welcher Welt sie leben werden. Menschen, die in Nigeria oder dem Kongo leben, werden sich kaum große Veränderungen vorstellen können, erhoffen sie aber vermutlich. Die Hoffnung besteht dann meistens darin, das Heimatland zu verlassen und nach Amerika oder Europa zu gehen. Wer Hunger leidet und sonst nichts mehr hat, hat keine Chance.

Das drohende Problem der Überbevölkerung muss angegangen werden, um die Zukunft unserer Enkel und Urenkel zu sichern.

DER LÖSUNGSANSATZ

Das Problem haben wir definiert. Nun soll eine Lösung oder wenigstens ein Lösungsansatz her.

Zu den oben aufgeführten Punkten 1 bis 8 könnte man jetzt einen neunten hinzufügen:

- Der Mensch muss sich evolutionsgemäß der neuen Situation anpassen und das sowohl mental als auch körperlich. Tierarten, die sich der Umwelt angepasst haben, überlebten – die anderen nicht.

Da wir wissen, dass die Welt zu klein wird für die vielen Menschen, muss der Mensch weniger Nahrung aufnehmen, weniger Raum beanspruchen und viel weniger Energie verbrauchen.

Und wie ist das zu erreichen?
Klar, der Mensch muss kleiner werden,
viel kleiner.

DER LÖSUNGSWEG

Die grundsätzliche Frage ist aber: Kann man die Menschen verklei-
nern?
Wenn ja, wie viele Generationen würde das dauern? Wie würde der
Körper das verkraften?
Wie wäre es überhaupt möglich?

Die Menschen sind in den letzten 50 Jahren im Durchschnitt um ca.
15 cm größer geworden.
Also ein Trend, der in die Gegenrichtung geht. Die Menschen werden bei uns größer, weil die Lebensumstände – hauptsächlich die
Ernährung – das Wachstum fördern.
Das, was in so einer kurzen Zeit die Menschen um ca. 7 % größer
werden lässt, könnte man gezielt einsetzen, um sie um den gleichen
Wert zu verkleinern.
Sobald es gewünscht wird, würden Mediziner und Ernährungswis-
senschaftler in den nächsten Jahrzehnten Wege finden, um vermutlich mit geringem Aufwand jede neue Generation um ca. 10 % kleiner werden zu lassen. Das würde also eine Verkleinerung von 1,8 m
auf ca. 1,62 m durchschnittlich bedeuten, dann von 1,62 m
auf 1,46 m, dann von 1,46 m auf 1,31 m. Die nächsten Schritte
brächten Größen von 1,18 m, 1,06 m, 0,95 m und 0,85 m. So könnte
eine Halbierung der jetzigen durchschnittlichen menschlichen Körpergröße in sieben Generationen erreicht werden.

Wenn man pro Generation 25 Jahre ansetzt, wären das 175 Jahre.

Natürlich müsste die Verkleinerung den ganzen Körper proportional
erfassen, also nicht wie teilweise bei kleinen Menschen oder Zwerg-
wüchsigen, bei denen z.B. die Kopfgröße nicht proportional kleiner
als normalerweise ist, sondern in einem Verhältnis von beispielsweise 2:1 zur Körpergröße steht.

Bei einem solchen Vorhaben wie der Verkleinerung sollte das Be-
wahren einer bestimmten Ästhetik des Menschen Voraussetzung
sein.

Obwohl, wenn man den allgemeinen Geschmack in Bezug z.B. auf
Frauenkörperformen in den 60er und in den 80er Jahren miteinander
vergleicht, dann liegen bestimmt 15 kg an Körpergewicht durch
bestimmte Proportionen dazwischen – und das nach nur 20 Jahren.
Das wären über 15 % weiniger. Geht man von den Rubens-
Frauen aus, läge der Unterschied vielleicht schon bei 25 kg.

Grob gesagt, der Mensch wählt sich sein Schönheitsideal aus dem
Durchschnitt der ihn umgebenden Zeitgenossen, und das, wie auch
immer das Resultat aussieht.

Also brauchen wir uns keine großen Gedanken darüber zu machen,
dass bei einem beschleunigten Evolutionsprozess nicht alle Körperteile exakt um den gleichen Faktor verkleinert würden.

Sollte sich z.B. die Nase um den Faktor 0,7 ändern, anstatt um 0,5,
würden das die Menschen überleben. Auch jetzt sieht man in anderen Völkern andere Nasen und hat keine Probleme damit.

Gerade haben wir mal eben in nicht einmal zwei Jahrhunderten die
Größe der Menschen halbiert, auf den Multiplikationsfaktor 0,5 ge-

bracht. Modellbauer würden vom Maßstab 1:2 sprechen und Statistiker würden die Größe 90 cm angeben.

Bedenken, ob die Wissenschaft das auch praktisch schaffen würde, erübrigen sich wohl. Zwar wurden bisher Forschungen in dieser Richtung nicht so intensiv durchgeführt. Sobald aber ein klarer Auftrag und klare Finanzen dahinter stünden, würden Ideen und Verfahrenswege nur so aus dem Boden schießen und es würde jede Woche z.B. eine neue Pille zum Erreichen des gewünschten Effektes auf der Forschungsbildfläche erscheinen. Man hätte auch noch ein paar Jahre Zeit, das beste und vor allem sicherste Verfahren zu entwickeln.

In den nächsten Jahrhunderten würden noch Entwicklungen und Erfindungen aus allen möglichen Bereichen diesen Prozess beschleunigen. Computertechnologie, Medizin, Pharmaindustrie, Biotechnik und Gentechnologie werden unser Leben weiterhin entscheidend verändern.
In 30 Jahren werden uns Dinge zu Verfügung stehen, die wir uns heute gar nicht vorstellen können.
Hätte man vor 70 Jahren einem Droschkenfahrer etwas vom Verkehrsleitsystem erzählt und ihm gesagt, er könnte so etwas in 60 Jahren nutzen, hätte er uns ausgelacht.
Er hätte uns dann vielleicht ins Vertrauen gezogen und seine tolle Erfindung, die Pferdeapfel-Beseitigungsvorrichtung erklärt. Denn in der Zukunft (in seiner) würde durch den zunehmenden Verkehr dieser Pferdekot zum Problem werden.

Im übertragenen Sinne sind wir heute die Droschkenfahrer aus der
Sicht der Menschen in 50 Jahren. Es wird vieles einfacher gehen, als
wir uns das jetzt vorstellen.
Ich behaupte, in spätestens 200 Jahren ist eine sichere und propor-
tionale Reduzierung der menschlichen Körpergröße auf die Hälfte
möglich.

DER ANDERE ANSATZ

Vielleicht hat in 30 Jahren ein Gentechnologe ein Computerpro-
gramm entwickelt, das eine Software erzeugt, die den menschlichen
DNA-Code umschreibt. Anschließend erzeugen dann andere Spezialisten einen Gen-Code mit veränderten Wachstumsdaten, die
durch künstliche Befruchtung in den Evolutionsprozess des Menschen eingebracht werden.
Entsteht dann innerhalb einer Generation der Mensch im Maßstab
1:2 oder kleiner?
Das wäre doch theoretisch möglich.

Zuerst müssten die Wachstums-Gene gefunden und deren Funktion
und Abhängigkeiten erkannt werden. Man könnte sich vorstellen,
dass bei Untersuchungen und Vergleichen der Gene von kleinwüch-
sigen Menschen oder Pygmäen mit Hilfe der Bioinformatik relativ

schnell neue Erkenntnisse gewonnen werden könnten. Die Bioinformatik beschäftigt sich mit dem Verarbeiten und Bewältigen der Informationsmengen z.B. der Lebenssysteme unter anderem mit Hilfe der Computertechnologie.

Es werden seit Jahren Tests und Forschungen mit genveränderten Keimzellen vorgenommen und mit ca. 200 Millionen Dollar finanziert. Die so genannte „Keimbahntherapie" ermöglicht in Zukunft eine Umprogrammierung bestimmter Zellen – Eingriffe in unsere Genome, die im extremen Fall einen komplett anderen Menschen erzeugen würden.
Für viele ist es eine grauenhafte Vorstellung, für andere wiederum eine Hoffnung. Mit dieser Technik werden wir unsere eigene Evolution steuern können.
Wir haben noch nicht begriffen, dass das von der Entwicklung vorgegebene Tempo unsere Einstellung und unsere Sichtweisen überholt. Wir haben noch nicht richtig angefangen, uns damit auseinander zu setzen. Die Menschheit sollte sich von dieser Technik nicht überraschen lassen, wie es beim Klonen der Fall war.
In der nicht allzu fernen Zukunft werden sich die verschiedenen Methoden der Genmanipulation situieren, sie werden in hunderten von Laboratorien auf der ganzen Welt durchführbar sein und es wird genetische Eingriffe geben, die viele als begehrenswert betrachten werden.

In Deutschland wird die Entwicklung mit Skepsis betrachtet und von der Politik teilweise blockiert, was im Endeffekt bedeutet – man überlässt dieses Feld dem Rest der Welt.

Wir sollten überlegen, wie wir die Gentechnik verlässlicher und sicherer machen können.

Wir sollten uns nicht die Frage stellen, ob wir diese Eingriffe zulassen sollen oder nicht, sondern wie, wo, wann und in welchem Umfang dies geschehen soll. Die Weiterentwicklung der vorhandenen Technik rast unausweichlich voran und verändert unsere Welt gravierend.

Viele Aspekte des menschlichen Lebens werden in einem Jahrhundert völlig anders aussehen.

Kürzlich hat eine dänische Biotechnologiefirma die Möglichkeit entdeckt, auf Feldern (die durch Landminen brach liegen), gentechnisch veränderte Pflanzen zu sähen, die die gefährliche Minensuche vereinfachen. Denn beim Wachsen und durch den Kontakt mit Stickstoffdioxid, einem Sprengstoffbestandteil, verändert sich das Kraut farblich.

Dies ist zwar nichts Bahnbrechendes, es zeigt aber, dass die Ideen, die sich durch die neuen Möglichkeiten ergeben, sprießen, und das in Richtungen, die man kaum vermutet.

1999 ist es einem Team von amerikanischen und Schweizer Wissenschaftlern gelungen, eine Taufliege auf die Hälfte ihrer normalen Größe zu verkleinern. Das Erstaunliche dabei ist, dass die Anzahl der Zellen bei beiden Fliegen, also der normalen und der verkleinerten, gleich war. Ebenso erstaunlich ist die Tatsache, dass die Zellen sich besonders langsam teilten. Die Erforschung dieser gezielten Verlangsamung des Zellenwachstums könnte einen Weg weisen, Krebs besser bekämpfen zu können. Besonders interessant für unsere Betrachtung ist: Bei der Taufliege war es ausreichend, nur ein Gen zu verändern.

Bei jedem bedenkenvollen Gegenargument sollte man sich den jetzigen Zustand unserer Welt vor Augen halten und sich vorstellen, welche Auswirkungen die bereits heute vorhandenen Probleme in 100 Jahren haben könnten. Aus Millionen von hungernden Menschen werden vielleicht Milliarden. Aus relativ kleinen Kriegen werden große unkontrollierbare Weltkriege um Raum und Ressourcen. Gerade die zwei Problemkomplexe Raum und Ressourcen würden unsere kleineren Menschen allerdings im wahrsten Sinne des Wortes neu dimensionieren. Natürlich wird dann immer noch um Macht, Ideen und Religion gekämpft. Das scheint ein mit dem Menschsein untrennbar verbundenes Problem zu sein.

Wenn man die Welt verbessern will – und die Welt wollen wohl so gut wie alle verbessern – gibt es immer Bedenken und Zweifel sowie Gegenargumente, mit denen man sich auseinander setzen muss. Die Idee, die Menschen zu verkleinern, wenn es machbar ist, würde die Welt auf jeden Fall extrem verändern.
Nennen wir unsere neuen Menschen einfach „Minis". Um deren jeweilige Größe direkt mit darzustellen: „Minis0,5" usw. Auch wenn es

am Anfang nur ein paar hundert dieser Minis gäbe, würde ihre Existenz doch beweisen, dass es möglich ist, die Welt auf diese Weise zu verändern. Verschiedene Versuche würden weitere optimierte Methoden hervorbringen, die Risiken und den Aufwand reduzieren.

Wie weit sind die Wissenschaftler von der Realisierung einer derartig wirkenden Genmanipulation entfernt – 20, 50 oder 100 Jahre?
Noch vor fünf Jahren hat man prophezeit, dass die vollständige Dechiffrierung des DNA-Codes noch 20 Jahren dauern wird.
Man hat es mit der modernen Computertechnologie zwei Jahre nach dieser Schätzung geschafft. Jeder hat die Entwicklung der Computertechnologie direkt oder indirekt mitbekommen; die Speicherplätze werden stetig vervielfacht und die Rechner immer schneller.
Die relativ neue Gentechnologie entwickelt sich ähnlich, nur merken wir das im täglichen Leben noch nicht so direkt. Länder, in denen die Forschung und Entwicklung in diesem Bereich mehr Freiheiten hat als bei uns, machen in diese Richtung viel bahnbrechende Schritte, die so oder so unser zukünftiges Leben beeinflussen werden. Die Journalisten, die sich über einen genmanipulierten Maiskolben oder das Schaf Dolly aufregen, merken kaum, wie die Realität sie rechts überholt.
Die Medizin stürzt sich mit voller Kraft auf die Erforschung und Entwicklung nützlicher Verfahren, um Erbsubstanzen und deren Fehler zu untersuchen mit dem Zweck, diese zu beheben.

Mit jedem computergestützt durchgeführten Versuch werden Erkenntnisse gewonnen, die dann zu weiteren Entdeckungen führen.

Es gibt sehr kleine Menschen, das weiß wohl jeder. Nicht alle wissen aber, dass es auch gleichmäßig proportional extrem kleine Menschen gibt und gab, deren Körperteile beinahe maßstabgerecht extrem kleiner sind als durchschnittlich. Diese Menschen sind mit einem Gen-Defekt geboren worden. Sollte diese Störung oder die Kette der Störungen, die dies bewirkt hat, gefunden werden, kann das, worüber wir jetzt spekulieren, hautnahe Realität werden.

Da man heute bereits alle DNA-Teile dechiffriert hat, ist der Rest wahrscheinlich nur eine Frage von kurzer Zeit. Vielleicht sind es nur noch zwei oder 50 Jahre, aber der Tag, an dem es möglich wird, den Menschen zu verkleinern, rückt immer näher.

EINIGE ZAHLEN ZU GRÖßE

Der Mensch strebt schon immer danach, mehr Platz zu haben – ob es im eigenen Zimmer, im Haus, im Garten, im Auto ist oder in öffentlichen Gebäuden wie Kirchen, Theatern, Amtsstuben usw. – je größer, desto besser. Auch unsere Vorfahren hatten diesen Drang und bauten, soweit das Geld reichte, Paläste und Schlösser mit unzähligen Zimmern und legten kilometerweite Gärten an. Viel Raum bedeutete und bedeutet immer noch Freiheit und Reichtum. Für den normalen Mieter gilt im Prinzip das Gleiche. Eine Vier-Zimmer-Wohnung ist besser als eine mit drei Zimmern, und 300 m² Garten sind den meisten lieber als 50 m². In einem 20 m² großen Schlafzimmer können viele besser schlafen als in einem 10 m² großen. An die Vorteile größeren Raumes denkt man meist, wenn man sich in engen Räumen, z.B. im Fahrstuhl, einem kleineren Fahrzeug oder der Flugzeugtoilette, aufhalten muss. Hier wird die Körpergröße wirklich entscheidend. Wir kennen Menschen, die so groß sind, dass sie vor jedem Türrahmen in Duck-Stellung gehen, oder so dick, dass sie nicht jede Toilette oder Umkleidekabine benutzen können. Diese Menschen sind wirklich benachteiligt.

Raum ist heute schon so teuer, dass man in vielen Fällen in ihren Maßen von der Norm abweichende Personen nicht mehr berücksichtigt. Bei den Grundstückspreisen ist das auch nicht verwunderlich. Jeder, der über Raum verfügt, muss ihn effektiv nutzen, und das in allen Bereichen. Da die Welt nicht größer wird, die Zahl der Erdenbewohner aber rasant steigt, müssen wir enger zusammenrücken. In Tokio können Arbeitnehmer in einer Art Bettkasten von ca. 2 m³ Volumen übernachten und wohnen. Der Fernseher und teils andere Wohnungseinrichtungen sind schon drin. Auch wenn Japaner nicht die Allergrößten sind, könnte man sagen, es wird hier eng für sie. Mehr Raum können sich diese Pendler nicht leisten. Irgendwann wird die gesamte Menschheit vor ähnlichen Problemen stehen. Dann könnte ein 40 m²-Wohnung für eine Familie schon Luxus sein.

Wenn wir uns jetzt nach dem Sinn der Verkleinerung fragen, helfen uns die Zahlen.
Ein Mensch, der im Durchschnitt halb so groß wäre wie jetzt, wohl bemerkt proportional verkleinert, benötigte nur 1/8 der Nahrung, 1/8 des Raumes und 1/8 der Energie im Vergleich zu heute.

Wenn ein Körper in allen drei Dimensionen halbiert wird, verringert sich sein Volumen auf 1/8.

Beispiel:

1 (Höhe) x 1 (Breite) x 1 (Dicke des Menschen) = 1, und

0,5 (Höhe) x 0,5 (Breite) x 0,5 (Dicke) = 0,125

Eine andere Rechnung zur Verdeutlichung:

Eine 1,8 m große Person braucht eine Mindestfläche um gerade liegend reinzupassen von:

1,8 m x 1,8 m = 3,24 m².

Eine 0,9 m große Person braucht eine Mindestfläche um liegend reinzupassen von:

0,9 m x 0,9 m = 0,81 m².

Die kleinere Person braucht also nur 1/4 der Fläche, die eine große Person benötigt.

Beim Volumen, also beim Raum, den beide einnehmen, sieht es wie folgt aus:

Eine 1,8 m große Person braucht ein Mindestvolumen um reinzupassen von:

1,8 m x 1,8 m x 1,8 m = 5,832 m³.

Eine 0,9 m große Person braucht ein Mindestvolumen um reinzupassen von:

0,9 m x 0,9 m x 0,9 m = 0,729 m³.

Die große Person braucht achtmal mehr Volumen – also Raum – als die kleine.

Da das Gewicht vom Volumen abhängt und wir die gleiche Körper-
dichte annehmen, hat der kleinere Mensch auch nur 1/8 des Gewichtes eines großen Menschen. Aus 80 kg Körpergewicht werden also
10 kg!

Man kann annehmen, dass ein Mini0,5, der 10 kg wiegt, nur 1/8 der
Nahrung benötigt, die ein normal großer Mensch braucht.

Unser Mini braucht also nur 1/8 der Menge an Brot, die der herkömmlich große Mensch zum Sattwerden benötigt, 1/8 des Wassers,
der Wurst, des Raumes, des Badewassers, des Stroms, der Miete
usw.

Es wird Sachen geben, die auch ein Mini 100 %ig bezahlen wird:
z.B. kleinere Elektronikgeräte, Software, Bücher, bestimmte Gebüh-
ren und einiges mehr, wir gehen aber der Einfachheit halber von 1/8
der Lebenshaltungskosten aus.

DIE ERSTEN

Irgendwann werden Eltern den Schritt wagen wollen, einen Mini auf
die Welt zu bringen.

Eine schwere Entscheidung wird das sicherlich, da die ersten die
größten Risiken tragen. Die „Pioniere" werden sicherlich mit beson-

deren Privilegien belohnt und es wird ihnen ihr Leben lang an nichts
fehlen. Die erste Geburt eines Minis0,5 wird die Tragweite der Mond-
landung der Menschen weit übertreffen. An Eltern, die diese Entscheidung für ihr Kind treffen, wird es bestimmt nicht fehlen.

Man halte sich vor Augen, dass zurzeit z.B. ein Gentherapie-Versuch
für Aids-Kranke auf den Weg gebracht wird. Das Immunsystem bei
schwer erkrankten Patienten soll mit einem Gen-Präparat therapiert
werden. Gleichzeitig läuft auch die Erprobung von Impfstoffen, die
gegen eine Ansteckung schützen sollen. Zu dem Versuch stellten
sich etwa 50 nicht infizierte Personen zu Verfügung. Sind diese
Menschen besonders mutig oder verzweifelt? Auf jeden Fall vertrau-
en sie der Wissenschaft.
Es wird viele geben, die bereit sind, die ersten Schritte zu machen,
aus welchen Beweggründen auch immer.

Wie und wo sollen unsere Minis0,5 leben?
Die ersten Minis0,5 werden sich kaum Sorgen um Ihre Wohnstätte
machen müssen, die vielen, die danach folgen werden, könnten
nach entsprechenden Umbaumaßnahmen sogar in den heutigen
Häusern und Wohnungen leben. Mit Zwischendecken und ein paar
Stützen könnte Wohnraum leicht verachtfacht werden. Auch die restlichen Maßnahmen, die Wasser- und Stromleitungen, Treppen, andere Fenster, Türen, neue Zwischenwände usw. beträfen, wären mit
geringem Aufwand zu realisieren. Zu bedenken ist, dass zunächst
Menschen normaler Größe und Minis0,5 zusammen wohnen müss-

ten – vor allem zunächst Eltern mit ihren verkleinerten Kindern und zwar bis die Kleinen „groß" werden und ausziehen

Konkret könnte das bedeuten, dass das Kinderzimmer mit Möbeln für Minis0,5 eingerichtet ist und die anderen Räume wie Wohnzimmer, Küche, Diele mit einer Art Kombimöbeln für beide Größen.

Die Möbelindustrie und die Designer werden sich da bestimmt tolle Dinge einfallen lassen.

Zurzeit ist die Einrichtung – auch die für Kinder – auf Körpergrößen von 1 bis 2 m ausgelegt. Den Bereich auf eine Spanne von 0,5 bis 2 m auszuweiten wird nicht sehr problematisch sein, obwohl dies vieles betrifft wie Toiletten, Waschbecken, Badewannen, Duschen, Fenster, Griffe, Schalter usw.

An Ideen und guten Lösungen wird es dann nicht fehlen und am Markt werden sich die besten Produkte durchsetzen.

Dinge würden entstehen wie:

- Sessel, die sich automatisch an die Körpergröße anpassen
- Betten, die Höhe und Matratzeneigenschaften
  automatisch anpassen
- Schalter, Türöffner, Wasserhähne, die auf Laute oder
  bestimmte Sensorbewegungen reagieren
- Fahrzeuge mit flexiblen Sitzen für Große und Kleine, sowie
  Joystick-Lenkvorrichtungen, die für alle Fahrergrößen anwendbar
sind

  Das Gleiche wird für Busse, Züge, Flugzeuge, Schiffe und sonstige Transportmittel gelten, die es bereits gibt oder geben wird.

Tausende Lösungen und Ideen, die nur speziell den gemeinsamen Lebensbereich der herkömmlich großen Menschen und der Minis0,5 bequem und sicher gestalten, würden die Welt verändern.

Normen und Richtlinien würden vieles regeln und standardisieren. Gerade die Sicherheit in allen Bereichen würde bei den Minis0,5 besonders berücksichtigt werden müssen.

Die unterschiedlichen Größenarten der Menschen würden dann jahrhundertelang – wie auch immer – nebeneinander existieren. Mit der Zeit wird dann eine grobe Trennung der Größenarten sinnvoll. Spätestens nach drei Generationen gäbe es komplette Mini0,5-Familien.

Ein Mini0,5-Paar hätte (zunächst) Mini0,5-Kinder. Das Zusammenleben von Mini0,5-Kindern,-Eltern und –Großeltern wären rechnerisch nach ca. 75 Jahren möglich, wenn man pro Generation 25 Jahre ansetzt. Da jedes Familienmitglied dann ein Mini0,5 wäre, könnte die Familie direkt in einer Wohnung wohnen, die eventuell in einer Mini0,5-Stadt gelegen wäre.

Natürlich können und werden auch soziale Bindungen zu Menschen herkömmlicher Größe bestehen. Man wird sich dann bei den kleineren zu Hause oder an geeigneten Orten treffen. Eine komplette Familie der „Herkömmlichen" zu Besuch bei einer Mini0,5-Familie wäre bei normalen Wohnungen der Minis0,5 problematisch. Aber auch das könnte mit speziellen Treff-Räumen gelöst werden. Die unterschiedlichen Körpergrößen sind nicht das Hauptproblem. Auch heute leben (manchmal in einer Familie) im Extremfall Menschen von ei-

nem und zwei Meter Größe zusammen, benutzen gemeinsam Stüh-
le, das selbe Fahrzeug usw., wenn dies auch nicht immer sehr bequem ist. Unterschiedlich große Menschen können heute zusammen
arbeiten und wohnen, auch wenn sie von dem Durchschnitt abwei-
chen. In einer Welt mit Minis0,5 werden auch extreme Abweichun-
gen vorkommen.

Nehmen wir eine Durchschnittsgröße der dann herkömmlich großen
Menschen von 1,7 m und der Minis0,5 von 0,85 m an. Eine 2,1 m
große Person weicht heute mit 23 % von der Norm ab, eine 1,5 m
große Person mit ca. 12 %.

D.h., die Körpergröße unserer Minis0,5 könnte entsprechend eine
Bandbreite von 0,75 bis 1,05 m bei Erwachsenen haben. Die äu-
ßersten Größen wären demnach 2,1 m und 0,75 m. Dabei entspricht
die letztere Größe einem Mini0,36. Das kleinere Verhältnis 1,5 zu
1,05 m würde einen Mini0,7 definieren. Mathematisch gemittelt: 0,36
und 0,7 macht wieder Mini0,5.

Viele werden sich die Frage stellen, ob die Eltern über das Mini-
Werden Ihrer Kinder entscheiden dürfen. Sie können doch nicht wissen, ob denen das recht wäre. Aber auch wenn sie ihre Kinder vorher fragen könnten, würden die Eltern nach ihren Vorstellungen entscheiden. Eltern entscheiden in der Regel alles oder mindestens
vieles, was ihr Kind betrifft. Dies ist nicht nur im Kleinkindalter so,
sondern wird in vielen Fällen auch sehr viel später noch fortgeführt,
bis manchmal den erwachsenen Kindern Entscheidungen aufge-
zwungen werden.

Und das alles im Sinne des Kindes, sagen die Eltern, die es bestimmt auch gut meinen. Das Gleiche sollten wir den Eltern der zukünftigen Minis unterstellen. Wenn die sich zur Verkleinerung durchringen, dann wohl deshalb, weil sie darin eine bessere Lebensvoraussetzung für ihr Kind sehen.

POLITIK MACHT ES MÖGLICH

Wissenschaftler werden bald in der Lage sein, solche Verkleinerungen vorzunehmen.
Die Frage ist aber: Ist die Menschheit in der Lage, damit umzugehen?

Es wird Tausend Meinungen zu diesem Thema geben, mit zwei Haupttendenzen:
Die einen werden kategorisch dagegen sein und „Nein" sagen, die anderen mit „Ja, aber" bedingt und unter bestimmten Voraussetzungen der Sache offener gegenüberstehen.

Wir leben in einer Demokratie und diese bietet den einzelnen Gruppen Möglichkeiten, ihre Vorstellungen anzubringen und zur Wahl zu stellen. Hier müsste man das sehr langfristig sehen. Mit Hilfe der Politik können Menschen nach bestimmten Spielregeln ihr Leben selbst bestimmen. Parteien könnten die Ziele der speziellen Interessengruppen in Form von Gesetzesvorschlägen durchsetzen. Voraussetzung dafür ist ein nennenswerter Wähleranteil, damit sich etwas in dieser Richtung bewegt.

Das Ziel der „Ja, aber"-Sager wäre:

Schaffung der Voraussetzungen zum langfristigen Verkleinern von Menschen und somit Schaffung des Ansatzes zu einer vielleicht besseren Welt.

Natürlich wird es weiterhin sehr viel „Ja, aber" geben, das dann im Laufe der Jahrzehnte und nach Beseitigung aller Bedenken in ein vorsichtiges „Ja" umgewandelt werden könnte.

Der Anteil der Skeptiker wird sehr hoch sein. Allerdings reichen schon 5 % der Wähler, um politisch etwas zu bewegen. Man erinnere sich an die Grünen, die mit dem neuen Umweltgedanken erst alleine waren und später zusahen, wie die großen Parteien den Umweltschutz mit ins Programm aufgenommen haben.

Mittlerweile haben die meisten Menschen begriffen, dass Umweltschutz wichtig ist, für uns und für die Generationen nach uns.

Zurzeit ist es weltweit nicht erlaubt, die nächste Generation beeinflussende genetische Veränderungen durchzuführen, also in die

Keimbahn einzugreifen. Das kann sich aber relativ schnell ändern,
wenn die Wissenschaft überzeugende Argumente vorlegen wird.
Man kann es schon an den unterschiedlichen nationalen Regeln und
Standpunkten sehen. Wofür in Deutschland Strafe angedroht wird,
dafür werden amerikanische Wissenschaftler hoch honoriert und
ausgezeichnet. Da Entwicklungen meistens vorangehen und nicht
rückwärts gewandt sind, ist es vermutlich nur eine Frage von zwei
oder drei Legislaturperioden, bis Gesetze geändert oder sogar mit
2/3-Mehrheit gekippt werden.
Sollten wir in die Keimbahn eingreifen, also in das Erbgut,
das dann über Generationen verändert bleibt?
Die allermeisten Menschen wollen diese Eingriffe nicht, aus Gründen
der Ethik und wegen der unüberschaubaren Gefahr für die Betroffenen und deren Mitmenschen. Es gibt aber jetzt schon viele
„Ja, aber"-Sager, nämlich die Wissenschaftler selber, die uns die
Vorteile schmackhaft machen wollen. Der als seriös geltende Wissenschaftler Gregory Stock von der renommiertesten Universität
Kaliforniens sagt beispielsweise:
„Wir überlegen nicht mehr, ob Eingriffe in die Keimbahn stattfinden
werden, sondern wie das geschehen wird."

Ein präpariertes, von vielen Erbkrankheiten befreites und einen
schönen Körper erzeugendes Erbgut wäre möglich. Sollte das Verfahren erfolgreich und zuverlässig sein, werden viele nicht widerstehen können und ihren Kindern diese Eigenschaften weitergeben
wollen. Unabhängig von der Ethik und irgendwelchen Kommissionen

– wenn die Möglichkeit geboten wird, wird sie ergriffen werden. Lieber gesund und schön als eine zufällig entstehende Erbmasse mit all den unschönen Risiken, wie sie zurzeit bestehen! So werden einige denken. Auch wenn die Mehrheit dies momentan – aus heutiger Sicht – ablehnt, steht jetzt schon fest: Die Sichtweisen ändern sich, und das umso mehr, je mehr Möglichkeiten geboten und je sicherer diese Manipulationen werden.

Kritiker fragen, ob wir unseren Kindern dies zumuten können. Befürworter werden aber davon ausgehen, dass Kinder den Eltern und den Ärzten dankbar sein werden, dass sie gesund aufwachsen können und weniger anfällig für Krankheiten sein werden. Diesen Verlockungen wird die Menschheit nicht widerstehen können.

Wenn wir die Genmanipulation mit der Atomenergie vergleichen, sehen wir, dass der Mensch diese effektive Technik nutzt, obwohl sie extrem gefährlich ist. Die Mehrheit, auch wenn es eine politisch gebildete war, hatte sich durchgerungen, Atomkraftwerke aufzubauen und zu nutzen. Trotz Widerständen in der Bevölkerung hat die gewählte Regierung auf Atomkraft gesetzt. Mit der Gentechnologie wird es genauso sein.

Irgendwann wird die Mehrheit mehr Vorteile als Nachteile darin sehen und es Schritt für Schritt gewähren, trotz Widerständen und ethischen Kommissionen. Eine politische Mehrheit von nur 51 % würde dafür ausreichen. Es sind die Wähler, die in einem demokratischen Land die Entscheidungen herbeiführen, indem sie ihre Vertreter wählen.

Wenn man den Einstieg in die Atomenergie betrachtet, waren die Wähler sehr risikobereit. Heute wird in Deutschland in Sachen

Atomkraft der Rückwärtsgang eingelegt, da der Unfall in Tschernobyl und andere Pannen zeigten, dass das Risiko größer ist als man uns früher weiß machen wollte.

Vergleicht man unsere Verkleinerung mit der Atomkraft, wäre das Hervorbringen der Minis0,5 mit viel geringerem Risiko behaftet. Immerhin kann man von etwa 50 Jahren Testphase und weiteren 50 Jahren, in denen das Leben der ersten Minis0,5 dokumentiert und studiert werden kann, ausgehen. Dann müsste ein zuverlässiges Verfahren gefunden sein. Im extremen Fall würden einige Testpersonen vorzeitig sterben. Auch wenn dies individuell gesehen schrecklich wäre, wären davon nur Einzelne betroffen. Bei Atomanlagen sieht das bekanntlich anders aus. Grobe Fehler oder Terroranschläge würden Tausende Menschenleben kosten. Die Wahrscheinlichkeit eines Terroranschlages ist mittlerweile hoch und kann in der Zukunft noch höher werden. Früher hat man uns vorgerechnet, wie unwahrscheinlich es ist, dass ein Flugzeug ausgerechnet auf ein Atomkraftwerk abstürzt. Die Wirklichkeit hat am 11. September 2001 gezeigt, dass die Rechnung und schon deren Ansatz falsch waren.

Also wäre die Entscheidung, die Anzahl der Kernkraftwerke zu reduzieren, richtig, aber nicht ausreichend für die jetzige Situation. Die Anfälligkeit der Anlagen müsste auf ein Minimum verringert werden. Unter anderem gab es einen Vorschlag, Atomanlagen – und hier geht es nicht nur um zivile Anlagen – mit Stahldrähten zu umspannen, durch die ein abstürzendes Flugzeug im Vorfeld zerstört werden könnte.

Bei einer schlankeren Rakete würde diese Maßnahme nicht mehr greifen.

Unsere Regierung beschäftigt sich weiterhin ernsthaft mit der Idee, Atomkraftwerke im Angriffsfall mit Hilfe von Nebelmaschinen zu schützen. Dieser Nebel könnte durch eine spezielle Zusammensetzung nicht nur Infrarot- und Radargeräte an Bord des Flugzeuges stören, sondern eine elektrische Aufladung der Nebelwand bewirken, die wiederum das Navigationssystem des Flugzeuges außer Kraft setzen würde. Ein exakter Zielflug wäre nicht mehr möglich.

Manche Länder wollen den Flugraum um Atomkraftwerke mit Flugabwehrstellungen schützen lassen. Die deutschen Patriot-Flugabwehr-Raketen sowie die Flugabwehr-Panzer Gepaart und Roland würden sich dafür gut eignen.

Es gibt nur risikomindernde Lösungen, und auch diese werden in der Zukunft nicht ausreichen. Die Gefahr für die Gesundheit der Bewohner in Kraftwerksnähe ist größer als das Risiko, das Eltern der ersten 100 Minis0,5 eingehen würden.

Natürlich wird die Bionik und die Gentechnologie zunächst versuchen, die Krankheiten, die teilweise genetisch bedingt sind, zu reduzieren und Heilungsmethoden zu entwickeln.

Jedes „Nebenprodukt" einer Erkenntnis kann, eingespeist in ein Computersystem, den ersten Schritt zu einer neuen Problemlösung bedeuten.

Die Evolution hat die Mittel und die Möglichkeiten der Erkenntnis frei gegeben, also wird der eine oder andere diese nutzen – auch wenn es nicht sein darf oder sollte. Der Mensch wird versuchen, alles zu machen, was ihm nützt, wenn er dafür nicht belangt wird. Menschen wie Adolf Hitler oder Saddam Hussein wird es immer geben, es kommt nur darauf an, dass die Gesellschaft keine Machtstruktur mehr ermöglicht, in der ein Einzelner als Diktator wirken kann und somit Hunderttausende Menschen bedrohen kann. Im Verlauf der Evolution sind wir in die Lage gekommen, Massenvernichtungswaffen bauen zu können. Nun sind sich beinahe alle einig, dass deren Einsatz verhindert werden muss. Saddam Hussein ist dafür verantwortlich, dass Tausende mit chemischen Waffen getötet wurden. Er hat die Möglichkeiten, die sich ihm boten, genutzt.

Alle Diktatoren, die über viel Macht und Waffen verfügen, sind in dem Maße gefährlich, wie ihre Waffen wirksam sind. Insofern kann man den Sturz Husseins nur befürworten, unabhängig davon, dass man im Irak keine Massenvernichtungswaffen gefunden hat. Das Risiko und die Wahrscheinlichkeit, dass ein Mann wie Saddam Hussein in den Besitz solcher Waffen kommt und sie dann auch von seinem Militär oder von Terroristen einsetzen lässt, ist extrem hoch. Ob man ihm das dann nachweisen könnte, wäre bei Tausenden von Opfern zweitrangig.

Spätestes dann würden die USA und wahrscheinlich auch die Nato einen Angriff gegen alle Diktatoren und Nationen, die Terroristen unterstützen, direkt oder indirekt starten – und das nicht nur verbal. Um wenigstens im Ansatz mehr Sicherheit zu erreichen, müssten die regierenden Köpfe der „Schurkenstaaten" beseitigt und durch demo-

kratisch gewählte Regierungen ersetzt werden. Welche Probleme
damit einhergehen, ist im Irak zubeobachten.
Es ist auch immer häufiger der Wille einiger Staaten zu erkennen,
den Weg der Demokratisierung freiwillig zu gehen. Revolutionsführer
Gaddafi zum Beispiel ist zwar kein Vorbild, er geht aber mit positi-
vem Exempel voran und verpflichtet sich immerhin, sein Atompro-
gramm kontrollieren zu lassen. Erreicht wurde das durch den inter-
nationalen Druck, dem er jahrelang ausgesetzt war.

Der Weg der Evolution ist der, dass der Stärkere, der Klügere, der,
der den besseren Weg wählt, sich eher durchsetzt. Die Handlungen
des Größeren und des Stärkeren stoßen dann allerdings nicht immer
auf Verständnis der anderen Gesellschaftsmitglieder. Im Gegenteil,
in der Regel gibt es viele Widersacher, die eigene Interessen zu kurz
kommen sehen. Das gibt Konflikte, es folgen Kämpfe oder Kriege
und zwar nicht selten solche mit ungleichen Waffen. Meistens ge-
winnt auch dann wieder der Stärkere und das Recht liegt, von seiner
Seite aus gesehen, bei ihm.
Die Welt könnte durch falsche Machthaber zu Grunde gehen, es
könnte aber auch noch lange weitergehen, wenn weise und voraus-
schauend gehandelt werden würde. Das gilt natürlich für jeden einzelnen Menschen aber in besonderem Maße für diejenigen, die re-
gieren, die Verantwortung für die Gesellschaft tragen. In unseren
Demokratien sind das von uns mehrheitlich gewählte Vertreter.
Die zukünftige Welt mit allen zurzeit vorhandenen und möglichen
Massenvernichtungswaffen wird sich keine Diktatoren oder diktatori-
schen Systeme mehr erlauben können, in denen das Schicksal von

Millionen Menschen von der Laune eines Herrschenden abhängt. Das ist eine der wichtigsten Voraussetzungen für das Weiterleben auf diesem Planeten.

Eine nicht weniger wichtige Voraussetzung ist eine halbwegs funktionierende Weltwirtschaft.
1999 hat die Erdbevölkerung die 6-Milliarden-Grenze überschritten. Das ist mehr als eine Verdoppelung seit 1950.
Im gleichen Zeitraum hat die Weltwirtschaft um das Sechsfache zugenommen. Der Verbrauch der fossilen Brennstoffe und die Stahlproduktion haben sich vervierfacht, Getreidekonsum und Fischfangquote sich verdreifacht. Der Verbrauch der Ressourcen nimmt also rasant zu. Dass das auf die Dauer nicht gut gehen kann, ist uns lange bekannt. Trotzdem wird auf Wachstum gesetzt, denn man meint, nur so funktioniere unsere Wirtschaft. Wir sehen, wie neue Wachstumsregionen im Ausland entstehen.
Die osteuropäische Wirtschaft wächst zurzeit mit 6 % die chinesische mit 10 % jährlich. Wir merken es an den steigenden Stahl- und Ölpreisen – die Ressourcen werden knapper.
Sollte dieser Wachstumstrend auch die „Dritte-Welt"-Regionen erfassen, kommen wir dem Kollaps immer näher. Auch diese Länder werden dann im Ausland Waren bestellen, die von europäischen Ländern gerne und in großen Mengen verkauft werden. Produziert wird aber viel in den „preiswerteren" Ländern.

Fossile Energie wird noch schneller abgebaut, der Boden wird ausgelaugt und versalzen, die Meere werden leer gefischt, die Umwelt wird verschmutzt und immer mehr Erdenbewohner konsumieren immer mehr und noch schneller.

Irgendwann bricht dieser Kreislauf zusammen, mit noch ungeahnten Auswirkungen und Folgen für Arbeitnehmer, Unternehmen, Banken und Regierungen. Es kann schleichend oder plötzlich kommen und keiner wird keinem mehr helfen können, denn die Gesamtlage wird es nicht mehr zulassen.

Die Nationen gehen Pleite. Ein großer Bevölkerungsanteil wird arbeitslos sein und keine finanzielle Unterstützung mehr bekommen. Wenn Eisenerz so knapp wird, dass die Preise um das Zehnfache steigen und die Rohölförderung reduziert wird (aus welchen Gründen auch immer), ist Schluss mit Konsum und Wachstum.

Da dieses Szenario eventuell erst in 30 bis 50 Jahren vorkommen kann, stört diese Prognose die überwiegend 60-jährige Führungsgarde wenig. Deren Mitglieder selber werden es nicht mehr erleben und ihre Kinder sind gut abgesichert. Also wird weiter nach Gewinn und Wachstum gestrebt.

Von den Politikern ist erst recht nichts bahnbrechend anderes zu erwarten, deren Denken beschränkt sich auf die nächste, im besten Fall auf die übernächste Wahl. Der größte Teil des Denkprozesses beim Politiker dient der eigenen Machtgewinnung - vor der Wahl – und der Machterhaltung - nach der Wahl. Die fachlichen Kompetenzen liegen meistens bei ihren Beratern. Man kann also nur hoffen, dass die richtigen Berater ausgewählt werden.

Das Dilemma des Strebens nach ständigem Wachstum kann man nur mit Investitionen in Bildung und Forschung, und das in allen Bereichen, mildern.

Nur wenn wir erneuerbare Energien effektiv nutzen, neue Stoffe und Materialien erzeugen, die zum Teil aus recycelten Materialien entstehen, neue Verfahren und Produkte erfinden, die Energie und Ressourcen erheblich einsparen, könnte man den Zusammenbruch der Weltwirtschaft hinauszögern.

Keine Erfindung und kein Verfahren können die Probleme auf ein Achtel reduzieren.

Durch Entwicklung und Forschung in punkto Minis0,5 könnte man das in 100 Jahren schaffen. Der Mensch kann heute die Kernenergie nutzen und Menschenherzen ersetzen, er wird auch genau die Gene finden, durch deren Veränderung die zukünftigen Probleme reduziert werden können.

Ich sehe kaum Alternativen für die Menschheit, um noch einige Jahrhunderte im Frieden leben zu können.

Jede Investition in die Erforschung unserer und der Gene unserer Nahrung ist eine Investition in das Überleben der Menschheit in den nächsten Jahrhunderten.

Die heutigen Systeme funktionieren auf Kosten der nächsten Generationen. Ein Mini0,5, der zum Leben 1/8 seines Nettoverdienstes bräuchte, kann vielleicht zusätzlich noch 1/8 für die Schuldentilgung der vorangegangenen Generationen zahlen.

Ihm blieben 6/8 zur freien Verfügung. Dem heutigen Verdiener bleibt vielleicht 1/8 übrig, wenn er gut gewirtschaftet hat. Der Gedanke, heute 1/8 des Nettoverdienstes noch zusätzlich für Schulden des Staates zu zahlen, wäre für uns wohl schockierend.

Genau das verlangen wir aber demnächst von unseren Enkeln.

Wenn die derzeitigen Verhältnisse so bleiben sollten, und zurzeit spricht nichts dagegen, schaffen das die Urenkel überhaupt nicht mehr.

Nur Minis0,5 oder kleinere Menschen würden die anstehenden Belastungen bewältigen und hinbiegen können, was wir der Welt und unseren Nachkommen angetan haben.

BEDENKEN

Es wird unablässig nach der genetischen Zusammensetzung gesucht, die die Intelligenz ausmacht, und nach Genen, die den Alterungsprozess verlangsamen.

Jetzt schon forscht man nach allem, was dem Menschen irgendwie nützlich werden kann.

Wie das ethisch zu beurteilen ist, steht auf einem anderen Blatt. Es müsste jedoch alles strenger überwacht und kontrolliert werden.

„Übermenschliche" Intelligenz könnte schon in 20 Jahren machbar werden. Durch eine Verbindung von Mensch und Computer oder eine bestimmte Genmanipulation wird das zu erreichen sein. Sollte

eine derartige künstliche Intelligenz tatsächlich in naher Zukunft rea-
lisiert werden, wird die Entwicklung noch schneller fortschreiten, und
das, wofür in der Vergangenheit zehn Jahre gebraucht wurden, wird
eventuell innerhalb von drei Jahren erdacht und entwickelt. Ein ra-
santer Fortschritt in allen Bereichen wäre zu erwarten, man könnte
sagen – zu befürchten, denn auch das Umfeld müsste den Schub
mittragen. Das wird insofern schwierig, da die „Überflieger" – wie
heute auch – dann dem Rest der Wissenschaftler und den Regierenden erklären müssten, was in ihren intelligenteren Köpfen vor-
geht. Mit diesen Informationen müssen die Regierenden schnell und
konsequent neue Regelungen festlegen, die einerseits den Fortschritt nicht behindern und andererseits die Menschheit vor allzu
gewagten Experimenten schützen. Es wird eine wahrlich schwierige
Aufgabe für alle Beteiligten.

Ähnlich sieht es heute schon aus, was z. B. die Erforschung der
Erbkrankheiten und Krebserkrankungen, die im Vergleich zur Men-
schenverkleinerung wohl von den meisten als sinnvolleres Betätigungsfeld der Genforscher angesehen wird, angeht. Selbst der mit
ihr einhergehende Fortschritt ist nicht ungefährlich. Regelungen und
Sicherheitsmaßnahmen beim Umgang mit genveränderten Zellen
müssten international durchgesetzt werden.
Dabei wird es sehr schwierig, Risiken einzugrenzen und gleichzeitig
Weiterentwicklung maßvoll zuzulassen.

Es gibt viele Bedenken und Gegenargumente, die die Gen-
Problematik mit allen ihren Konsequenzen ganz allgemein betreffen.

Man weiß nicht, wie die Natur, Medikamente, vorhandene Umweltgifte, Strahlungsgeräte – die Umwelt insgesamt – auf den genmanipulierten Menschen wirken und reagieren. Problematisch ist zudem, dass es sich dabei um gefährliche Langzeitwirkungen handeln kann. Eine Kombination von Gen-Zusammenstellungen kann Allergien, Krankheiten oder Epidemien auslösen, und das vielleicht erst in der nächsten Generation.

Wenn man sich die aktuelle Entwicklung der Gen- und Biotechnologie anschaut, haben wir diese Situation fast jetzt schon. Manipulierte Pflanzen und Tiere, die der Mensch als Nahrung zu sich nimmt, bringen ebenfalls derartige Gefahren mit sich. Kombinationsmöglichkeiten und Wechselwirkungen, die es gibt und die auch praktisch vorkommen können, sind in ihrer Vielfalt nie getestet worden. Was passiert beispielsweise, wenn eine an Diabetes erkrankte Person, die gerade einen genmanipulierten Maiskolben verdaut und zudem zufällig zu einer Röntgenuntersuchung gehen muss? Man geht davon aus, dass es gutgeht und nichts passiert, denn getestet hat man diese Kombination bestimmt nicht. Sollte für diesen Menschen das Röntgen unverträglich sein und er stirbt nach zwei Jahren an Krebs, wird es keinem auffallen, da diese Kombination und dieser Ablauf keinem bewusst geworden wäre. Und nach einem längeren Zeitraum kann so etwas auch kaum jemand noch nachvollziehen.

Bei den Möglichkeiten, die uns die Wissenschaft bietet, fragen viele nach den Grenzen des Treibens. Was ist noch vertretbar und was überschreitet die allgemeinen Normen?

Aus der Vergangenheit erkennt man, dass schon die allgemeinen Normen kaum festzulegen sind, geschweige denn eine Definition der Grenzen. Die heute existierenden Grenzen sind länderspezifisch. Mindestens das, was Leben rettet oder die Gesundheit unterstützt, wird erlaubt, obwohl auch hier Missbrauch möglich ist. Jede Neuerung hat positive Seiten und viele negative. Zum jeweiligen Zeitpunkt abzuwägen ist entscheidend. Eine bestimmte Genmanipulation heute hätte vielleicht fatale Folgen. Das gleiche Vorhaben in zehn Jahren und mit neuestem Kenntnisstand wäre vielleicht die Rettung für viele. Auch wenn es hier und heute eine klare Grenze gibt, bedeutet das nicht, dass morgen oder in einem anderen Land dasselbe gilt. Mit der Zeit verschieben sich die Grenzen der Machbarkeit und unser Bewusstsein darüber. Viele würden heute erschrecken, wenn sie wüssten, was die Menschen in 100 Jahren machen werden.

VIELE ENTSCHEIDUNGEN

Der Verkleinerung der Menschen werden unzählige Versuche an Tieren vorangehen.
Man wird mit den einfachsten Organismen angefangen, es werden Versuche mit größeren Tieren folgen, und dann wird mit dem Affen die tierische Versuchsreihe abschlossen werden.
Bis dann an Menschen Versuche gemacht werden, vergehen Jahrzehnte. Risiken werden im Rahmen gehalten werden müssen. Es

werden sich viele Probleme auftun und Fragen an die Wissenschaftler, die Gesetzgeber und an Ethiker gestellt werden. Es wird viel
gestritten und diskutiert werden.

Stammzellentherapie nennt sich das in Deutschland noch verbotene
Verfahren, das in Korea erfolgreich versucht wurde. Es werden
Stammzellen geklont, aus denen man in Zukunft vielleicht einzelne
Körperteile erzeugen könnte. Zum Beispiel könnte nach dem Herzin-
farkt das nicht mehr funktionierende Herzgewebe mit den neuen
Zellen erfolgreich behandelt werden. Voraussetzung ist, dass die
eigenen Zellen eingesetzt werden oder die eines eineiigen Zwillings.
Nur diese werden – so der Stand der Wissenschaft zurzeit – vom
Körper aufgenommen.

Obwohl es sehr umstritten ist, werden Stammzellen, die bei den
Wissenschaftlern sehr gefragt sind, zurzeit aus Embryonen gewonnen. Ethische und rechtliche Grenze schränken die Forscher mit
Recht ein. Es wird deswegen fieberhaft nach anderen Wegen gesucht. Einen Durchbruch meldet ein Lübecker Institut, das eine Möglichkeit sieht, diese wertvollen Stammzellen aus der Bauchspeichel-
drüse zu gewinnen. Wenn das machbar wäre, hätten wir einen
neuen Meilenstein in der Genforschung erreicht, der eine neue und
schnellere Entwicklung ermöglicht.

In Australien ist zur Heilung der genetisch bedingten Krankheit eines
Vierjährigen gezielt ein Brüderchen gezeugt worden. Dazu wählten
die australischen Spezialisten einen bestimmten von mehreren durch

künstliche Befruchtung entstandenen Embryonen aus, der dann der Mutter eingesetzt wurde. Mit den Stammzellen aus dem Blut der Nabelschnur des „Designer-Babys" sollte der Vierjährige behandelt werden, der an einem Defekt des Immunsystems leidet. Die Stammzellen der Eltern oder Verwandten des Jungen wiesen nicht die nötige Übereinstimmung mit dem Jungen auf. Deshalb entschlossen sich die Ärzte, das „Designer-Baby" zu zeugen, um die nötigen Stammzellen zu erhalten. „Dieser Durchbruch ist ein Geschenk für das Leben meines Sohnes", sagte die erneut schwangere Mutter aus Tasmanien.

Der Präsident des australischen Ärzteverbandes erklärte, dass der Fall durchaus ethische Fragen aufgeworfen habe:

Einerseits sei es verständlich, dass Eltern alles tun, um das Leben ihres Kindes zu retten. Andererseits habe es unter den Reagenzglas-Embryonen eine bewusste „Auswahl" zu Gunsten eines passenden Babys gegeben. Aber wenn dadurch das kranke Kind gerettet werden könnte, sei dies für ihn ethisch vertretbar. Die Methode, nach der die Auswahl bestimmter Embryonen erfolgt, wurde in den USA entwickelt. Dort wurde erstmals 2000 ein Baby gezeugt, um die genetisch bedingte Blutkrankheit der Schwester des Neugeborenen zu heilen. Das ist die machbare Realität.

Der Begriff „Designer-Babys" macht schon lange die Runde, und bedeutet, dass körperliche Eigenschaften und sogar Intelligenz vorbestimmt werden. Eltern könnten in letzter Konsequenz ein schönes und nach dem Gen-Check der sich gerade vermehrenden Zellen auch gesundes Baby im Labor bestellen. Das setzt eine künstliche

Befruchtung voraus, die sich bis jetzt auch schon millionenfach bewährt hat.

Gynäkologen der Universität von Nevada haben festgestellt, dass bei Reagenzglas-Befruchtungen meist mehrere Embryonen erzeugt werden. Ein Test zeigt, welcher davon die optimalsten Entwicklungschancen hat. Dieser wird dann im Uterus eingepflanzt. Das Verfahren erhöht den Anteil der durch künstliche Befruchtung erzeugten Schwangerschaften von 30 % auf ca. 60 %. Das übliche Verfahren, mehrere Embryonen gleichzeitig zu implantieren, wird hinfällig.

Es wird nicht mehr lange dauern, bis Wissenschaftler in der Lage sind, künstlich Ei- und Samenzellen zu erzeugen, die dann auch durch künstliche Befruchtung zueinander gebracht werden; das derart entstehende Kind müsste also keine Eltern mehr haben. Natürlich rufen diese Möglichkeiten bei den meisten Menschen Angst und Entsetzen hervor. In 100 Jahren aber wird die Problematik und auch die Einstellung dazu anders sein als heute.

Wenn man die positiven Seiten der Möglichkeiten betrachtet, also die fast 100 %-ige Gesundheit des Neugeborenen z. B., wird der Eingriff bestimmt eine gute Alternative sein angesichts der naturgegebenen Gesundheitsrisiken, die mit dem Aufwachsen im Mutterleib verbunden sind. Das Risiko einer 45-jährigen Mutter, ein behindertes Kind zur Welt zu bringen, liegt etwa bei 8 %, wenn man der Natur freien Lauf ließe. In der gängigen Praxis wird nach Erkennen einer Behinderung abgetrieben. Ob das ethisch vertretbar ist, ist die eine Sache, die Entscheidung der Eltern eine andere.

Die Verantwortlichen und die Regierenden werden viel analysieren
und abwägen müssen und es werden Entscheidungen verlangt. Das
Aussitzen der Entscheidungen und Probleme wird schwierig, die Zeit
drängt heute schon. Forscher werden eine Entdeckung nach der
anderen präsentieren, die weitere Entwicklungen ermöglichen. Sollte
z. B. der Zeitpunkt kommen, an dem die erfolgreiche Krebsbekämpfung greifbar nah ist, wird unter Druck entschieden werden müssen,
was erlaubt und was verboten ist. An Krebs Erkrankte, die in den
Neuerungen eine Hoffnung sehen, werden alle Möglichkeiten nutzen
wollen, auch die verbotenen.

Mit einer hypothetischen Frage könnte man verdeutlichen, wo wir
stehen:
Wenn ich selber, vor meiner Geburt hätte wählen können, welche
genetischen Maßnahmen ohne Risiken an mir hätten vorgenommen
werden sollen, was wäre meine Entscheidung gewesen?

a) keine Eingriffe und Änderungen
b) Untersuchung nur einer bestimmten Stelle des Genoms auf
    nur eine Erbkrankheit z. B. Brust- oder Prostatakrebs und
    Beseitigung des erblichen Risikos
c) Manipulation, um den Alterungsprozess zu verlangsamen –
    sagen wir mal, um fünf Jahre länger zu leben als es sonst
    bestimmt wäre
d) oder unsere Verkleinerung zu einem Mini0,5

Man könnte noch weitere Wünsche zur Auswahl vorlegen, die in 100 Jahren realistisch erscheinen, wie:

- Rundum-Gesundheitscheck der DNA und Beseitigung aller Störungen vor der Geburt
- schöne Körperteile
- schönes Gesicht
- leistungsspezifische Ausbildung des Körpers (Kraft, Ausdauer)
- für die Intelligenz förderliche Gehirnstruktur

Die Angebote, die die Menschen verführen werden, solches zu tun, werden überzeugen.

Es müssen dann der Zeit und dem Fortschritt angepasste Grenzen gesetzt werden, die Auswüchse verhindern.

Extreme Ideen, die sich aus den Möglichkeiten der Gen- und Biotechnik entwickeln können, sind zu befürchten. So kursieren Überlegungen, Mutationen für militärische Zwecke zu züchten:

ein mit speziellen Eigenschaften ausgestattetes Wesen – halb Mensch halb Tier –, das sich z. B. durch eine Kombination von Genen des Mensch und Genen des Gepards besonders schnell und ausdauernd aber aufrecht gehend bewegen könnte.

Mit neuen Möglichkeiten wird die Fantasie einiger Wissenschaftler beflügelt und es werden ständig neue Überlegungen auftauchen. Bei jeder Art von Entwicklung ist leider nicht nur das Positive zu erwarten, sondern wie auch schon in der Vergangenheit Negatives.

Unzählige Ethikkommissionen werden sich ständig progressiven bald machbaren Visionen stellen müssen und Rahmenbedingungen erarbeiten. Wissenschaftler alleine werden es nicht schaffen, ihre Potentiale nur konstruktiv nutzbar zu machen.

CHANCEN UND HOFFNUNGEN

Langfristig gesehen werden durch neue Erkenntnisse Krankheiten reduziert und die Lebenserwartung wird weiter erhöht werden können.
Die Experten schätzen, dass ein Durchschnittsalter von jetzt 80 Jahre auf 100 zu erhöhen wäre. Jedes zweite Mädchen, das jetzt geboren wird, wird die 100 erreichen.

Dazu wird nicht nur die Gentechnik beitragen, sondern auch die Biotechnik und die Technik allgemein. Die Medizin wird die Erkenntnisse aus diesen und anderen Bereichen nutzen, um das Leben der Menschen gesünder und länger zu erhalten.

Wenn man die aktuelle Wachstumsrate der Weltbevölkerung und dann die höhere Lebenserwartung zusammen betrachtet, ist eine weitere Steigerung der Bevölkerungszahlen vorprogrammiert.

Auch wenn der Bevölkerungszuwachs in Deutschland und Europa mit nur ein paar hundert Millionen zurzeit nicht mehr so hoch ist, werden dennoch in geraumer Zeit schon 10 Milliarden Menschen auf der Erde beheimatet sein, die Ressourcen, Energie, Lebensmittel und Lebensraum benötigen.

Die Lösung, die Menschen auf die Hälfte zu verkleinern, würde nicht nur den Minis0,5 alles um den Faktor acht vergrößert zur Verfügung stellen – relativ gesehen–, sondern auch den herkömmlich großen Menschen der Zukunft Vorteile bringen.

Eine Nation, die so etwas unterstützen würde, würde die positiven Effekte deutlich spüren.

Nehmen wir mal an, 10 % der Bevölkerung würden Minis0,5 sein, dann würde der Staat nicht 100 % der üblichen Ausgaben haben, sondern nur 90 % + 10 % * 1/8 = 91,25 %.

Bei einem Anteil von 20 % Minis0,5 an der Gesamtbevölkerung könnte man mit 80 % + 20 % * 1/8 = 82,5 % rechnen.

1/8 ist wie schon erwähnt der vereinfachte Ge- und Verbrauchsfaktor, der sich beim Halbieren der Größe für den verkleinerten Menschen ergibt.

Die Ersparnis könnte der Staat dann für die Weiterentwicklung sicherer Methoden ausgeben und damit in die Zukunft investieren, oder auch andere Finanzlöcher stopfen.

Bei zwei Größen von Menschen, der jetzt natürlichen und der der Minis0,5, könnte eine sinnvolle Arbeitsaufteilung zwischen beiden

Gruppen von Vorteil sein. Schwere körperliche Arbeit z. B. würde
von Firmen bewältigt, die Menschen herkömmlicher Größe beschäftigen, und die „Kleineren" würden leichte filigrane Arbeiten überneh-
men.

Das schließt eine freie Berufswahl nicht aus, aber ein Mini0,5 am
Bau wäre nicht die beste Besetzung. Andererseits wäre ein großer
Mensch bei der Montage von dann immer kleiner werdenden Elekt-
ronikgeräten wahrscheinlich auch eine Fehlbesetzung. Die Menschen werden sich den Marktgegebenheiten anpassen und entsprechende Berufe wählen. Auch wenn die schwere körperliche Arbeit im
Zeitalter von Hightech-Maschinen und Robotern zweitrangig sein
wird, sollten die körperlichen Unterschiede genutzt werden.
Für den Beruf des Fernfahrers z. B. wären Minis0,5, die im Fahrzeug
bequem schlafen und sogar wohnen könnten, ohne dass sich das
Ladevolumen erheblich verkleinert, prädestiniert.
 Die verschiedenen Menschen unterschiedlicher Größen würden sich
in vielen Berufen und Tätigkeiten aneinander anpassen und sich
ergänzen – hauptsächlich bei den körperlichen Tätigkeiten wird das
so sein.
Die Wirtschaftlichkeit wird weiterhin das Berufsleben der Menschen
lenken. Wenn wir uns ein Hochhaus voller Broker herkömmlicher
Größe und Broker-Minis0,5 vorstellen, dann hat das Brokerunter-
nehmen für die Minis0,5, die nur 1/8 des Volumens benötigen, nur
1/8 der Mietkosten zu zahlen im Vergleich zu ihren herkömmlich
großen Mitarbeitern.

GOTT UND DIE ANDEREN

Bei der Suche nach dem Schlüssel zur Verkleinerung werden bestimmt andere Gene gefunden werden, mit denen sich andere medizinische Probleme lösen ließen. Und umgekehrt werden durch genetische Untersuchungen z. B. des Herzens Wege gefunden, dieses zu verkleinern.

Es ist noch offen, wie viele Teile des DNA-Codes verändert werden müssen, damit ein gesundes Aufwachsen des Menschen auf 90 cm begrenzt wird. Bei unserer Taufliege ist es nur ein Teil im Genom, der verändert werden muss, und sie ist auf die Hälfte ihrer ursprünglichen Größe geschrumpft.

Bei Säugetieren, also auch bei Menschen, könnten es nach heutigen Schätzungen zwischen 50 und 500 Teile werden.

Es könnten aber auch wenige Teile sein, deren Manipulation dann auf andere Teile verändernd wirkt.

Ein guter Softwareprogrammierer würde das so programmieren, um eventuell später das Programm einfacher an wenigen Programmzeilen ändern zu können.

Wir können davon ausgehen, dass der Erstellung des menschlichen DNA-Codes eine verdammt gute Programmierung zugrunde liegt – wer oder was immer sie geleistet hat.

Die, die jetzt an einen Gott denken, welcher Religion auch immer, glauben an einen „Programmierer", der nicht nur Menschen geschaffen, sondern Tiere, die Erde, den Himmel und somit die Sterne, das Universum – also alles – festgelegt, sprich „programmiert" hat.

Philosophisch anders herum gesehen gibt es ohne Universum keine
Sterne und weiter ohne Sterne keine Erde – ohne Erde keine Menschen. Vorsichtig ausgedrückt gäbe es ohne Planeten keine Lebewesen, denn wir wollen nicht ausschließen, dass auf anderen Planeten nicht ebenfalls ein Programm abläuft.
Bei der vorhandenen Menge von Galaxien kann man das annehmen.
Es müssen nicht unbedingt Lebewesen in unserem Sinne sein, es
könnten z. B. steinumhüllte Tiere sein, die sich extremen Temperatu-
ren angepasst haben.

Aber zurück zu Gott. Würde er etwas dagegen haben, wenn man
„sein Werk" verändert, manche würden sagen: in sein Werk hinein-
pfuscht? Wobei der Mensch das ja schon lange tut.
Schönheitschirurgen verändern Nasen, Brüste und vieles mehr. Der
Mensch manipuliert Ursprungszustände wie er nur kann, um sich
das Leben auf der Erde so bequem und angenehm wie möglich zu
gestalten. Nach dem Sinn und nach schädlichen Folgen wird dabei
oft nicht gefragt.
Massenvernichtungswaffen wurden erfunden und werden eingesetzt,
um zu zerstören.
Wir nutzen die Kernenergie und das Internet, wir holzen die elemen-
tar wichtigen Wälder der Erde ab und versauen die Meere.
Wieso sollten wir die Möglichkeiten der Gentechnologie und anderer
Technologien nicht nutzen, um unser Überleben auf der Erde zu
sichern?
Würde das den Gott, an den viele glauben, stören?

„Haltet die Gebote ein und verbreitet meinen Glauben ..." lautet die
Kurzformel der meisten Religionen. Es gibt natürlich Ausnahmen und
Auslegungen der jeweiligen oberen Vertreter.

Bei Jesus Christus z. B. hieß es: „macht euch klein und teilt". Wört-
lich genommen würden wir das mit der Verkleinerung des Menschen
umsetzen und zum Verteilen gäbe es auch bestimmt mehr bei einem
auf 1/8 reduzierten Bedarf der Minis0,5. Wir würden damit nichts
Schlechtes tun, im Gegenteil das Gefahrenpotential, das mit der
drohenden Übervölkerung durch normal große Menschen einher-
geht, könnte reduziert werden , wahrscheinlich könnten auch einige
Kriege und Hungerkatastrophen verhindert werden. Ein schlechtes
Gewissen müsste man dabei nicht haben.

Einige Theologen und Kirchenvertreter werden das bestimmt anders
sehen. Auch die Anwendung der „Pille" wird von denen nicht befürwortet. Wie man aus religiöser Sicht dazu steht, wird jeder mit sich
selber ausmachen müssen.

BESCHLEUNIGTE EVOLUTION

Die alten Evolutionsmechanismen wirken in unseren Zeiten nicht
mehr allein. Durch einige falsche Entscheidungen einzelner Mäch-
tiger könnte die Menschheit dezimiert werden, durch glückliche Zu-
fälle könnten andererseits Entdeckungen gemacht werden, die unser

Leben entscheidend verbessern. Das alles könnte in einem Zeitraum von 50 Jahren geschehen.

Im Vergleich dazu, dass die Evolution den Menschen in den letzten 100 000 Jahren kaum verändert hat, wird das jetzige Jahrhundert einen enormen Evolutionsschub mit sich bringen – durch unseren Einfluss, den wir mit der Gentechnologie und vielen anderen Technologien, mit denen man in die Natur eingreifen kann, ausüben. Im Laufe der Evolution überleben die Lebewesen, die sich zufällig oder bewusst anpassen. Wir haben jetzt den Vorteil, nicht alles dem Zufall überlassen zu müssen.

Die Intelligenz und das Wissen der Menschen über die Verfahren zur Lebenserzeugung und deren Beeinflussung können eine Chance sein.

Im Vergleich zu der früheren Entwicklung wird die Eigen-Manipulation des Menschen gravierende Auswirkungen haben. Wir können nur hoffen, dass die Wissenschaftler, die jetzt eine enorme Verantwortung haben, jene Entwicklungen, die in den nächsten zwei Jahrhunderten anstehen, in positive Bahnen lenken können.

Die meisten Menschen von heute stehen den gentechnischen Entwicklungen sehr kritisch gegenüber.

Es wird eher die Gefahr – weniger die Hoffnung auf Gutes – gesehen.

Abgesehen von ethischen Problemen, die noch heftig diskutiert werden müssen, hat allein schon der Begriff „Designer-Baby" einen sehr negativen Beigeschmack. In einer Gesellschaft mit „ethische Normen", wie sie zurzeit herrschen, muss man das so sehen.

Dabei ist ein „Designer-Baby" pragmatisch betrachtet ein gesundes Kind nach Wunsch. Ein gesundes Wunschkind aber möchten doch die meisten Eltern haben. In der Zukunft werden sich die ethischen Wertvorstellungen verschieben. Mit zunehmenden Erfolgen wird die Akzeptanz wachsen und das Positive dieser Verfahren wird in Anspruch genommen werden.

Ein kleines Beispiel, das die Anpassung der Gesellschaft andeutet, geben die erst seit ein paar Jahrzehnten durchgeführten Schönheitsoperationen (welcher Art auch immer).

In den Anfängen haben manche Kritiker die „Schändung Gottes Werk" gesehen, heute nutzen Hunderttausende die Vorteile solcher Eingriffe und die wenigsten sehen darin etwas ethisch Verwerfliches. Die Gesellschaft hat hier also eine Sichtweise in wenigen Jahren angepasst.

Natürlich können Schönheitsoperationen nicht in allen Punkten direkt mit einer folgenschweren Genmanipulation verglichen werden, die Anpassung der öffentlichen Meinung wird aber auch bei diesem Thema, zwar wahrscheinlich nur langsam so doch bestimmt, folgen.

NANOTECHNIK NICHT NUR FÜR MINIS

Bereits vor rund dreißig Jahren wurde der Begriff „Nanotechnologie" geprägt, doch erst seit wenigen Jahren ist sie ein mittlerweile brandheißes Forschungsgebiet. Physiker, Computertechnologen, Biotechnologen und Mediziner tasten sich hier gemeinsam vor und versuchen, Herrschaft über die Nanowelt zu gewinnen, deren Maßeinheit - der Nanometer - einem Millionstel Millimeter entspricht. Zum Vergleich: Der Durchmesser eines menschlichen Haares beträgt rund 50 000 Nanometer.

Die Nanotechnologie soll unter anderem neue Materialien und molekulare Maschinen ermöglichen - technischer Fortschritt auf kleinstem Raum. Dabei gibt es bizarre Vorstellungen über die Möglichkeiten dieser Technologie. Die einen prophezeien eine bessere Welt, in der es dank nanotechnologischer Methoden keinen Hunger und keine Krankheiten mehr geben wird. Die anderen befürchten eine Bedrohung der Menschheit durch außer Kontrolle geratene Nanoroboter. Einige Wissenschaftler halten es für durchaus denkbar, klinisch tote Menschen mit Hilfe der Nanotechnologie wieder lebendig werden zu lassen. Doch zunächst erwartet man große Veränderungen im gesamten Bereich der technischen Produktion. Wenn man einmal so weit wäre, diese Technologie alltagstauglich anzuwenden, würden leichtere und preiswertere Materialien mit besseren Eigenschaften den Markt revolutionieren. In den Produktionsanlagen der Zukunft würden einzelne Atome nach einem Baukastensystem kombiniert und Materialien oder sogar ganze Maschinen Atom für Atom zusammengebaut werden können. Das würde bedeuten, dass aus zu Hauf vorhandenen Ausgangsstoffen wie z. B. Eisen hochwertige Metalle wie Kupfer oder Silber hergestellt werden könnten. Ob dies am Anfang wirtschaftlich wäre, ins fraglich, die Wissenschaft aber würde jubeln und neue Betätigungsfelder finden.

Zurzeit wird bereits an konkreten Möglichkeiten gearbeitet: neue katalytisch wirkende Komponenten, die Geruchsbelästigungen aller Art unterdrücken, sollen im Haushalt, in der Viehzucht, in der Industrie oder der Abwassertechnik eingesetzt werden.

Einfach zu reinigende Flächen können hergestellt werden und in den Bereichen Architektur, Glasverarbeitung, Sanitärinstallation, Chemie, Produktionstechnik, Lebensmitteltechnologie, Fahrzeugbau, Papier- und Druckindustrie etc. verwendet werden; damit können erhebliche Einsparungen bei Reinigungsprozessen mit umweltschonendem Effekt erzielt und Produktionstechniken auf breiter Basis verbessert werden.

Die Nanobausteine sind viel kleiner als die Wellenlänge des Lichtes. Dadurch werden neuartige Materialien für die Optik und unsichtbare Beschichtungen auf praktisch allen Materialien mit neuartigen Funktionen möglich. Die Nanogrößen der Partikel bewirken Effekte, die zu bisher unerreichten Materialeigenschaften führen. Vor allem aber: Sie sind rund tausendmal kleiner als rote Blutkörperchen, können deshalb beliebig durch die feinsten menschlichen Blutgefäße strömen und einzeln oder millionenfach von menschlichen Zellen aufgenommen werden. Schließlich lassen sich bestimmte Partikel auch zu Magneten machen, deren Funktion man durch Magnetfelder ein- und ausschalten kann. Damit eröffnen sich vielfältige neue Möglichkeiten in der Medizin, aber auch zum Beispiel in der Umwelttechnik.

Es wird an einem DNA-Computer gearbeitet, der die logischen Operationen der unterschiedlichen Moleküle der Gene erfassen könnte. Ziel ist eine medizinische Therapie, bei der im Körper erkrankte Zellen gefunden und diese dann mit Hilfe von in den Körper einzubrin-

genden Nano-Wirkstoffen nach bestimmten, diesen einprogrammier-
ten Abläufen behandelt werden. In der Krebsbekämpfung wäre das
eine Revolution. Schon jetzt bietet die Wissenschaft einige interessante Ansätze und Versuche, die erfolgreich verlaufen sind. Unge-
ahnte weitere Möglichkeiten würden sich eröffnen.

Kleine Antriebe, Getriebe, Schaltkreise, Apparate, Pumpen u. s. w.
sind momentan noch nicht im Nanomillimeter-Bereich zu verwirklichen, können aber bereits im Millimeter-Bereich eingesetzt werden.
Die Entwicklung kleinster pillenähnlicher Geräte, die nach dem Ver-
schlucken bestimmte medizinische Aufgaben erfüllen können, steht
kurz bevor. So eine Kapsel könnte eine Batterie mit Lampe, einen
kleinen Motor mit Bohrer und eine Kamera mit einem Sender bein-
halten. Per Fernsteuerung kann dann der Arzt Proben entnehmen
oder kleinere Eingriffe vornehmen. Die Endoskopie, sprich die Untersuchung mittels eines Sicht- und Bearbeitungsgeräts, das sich am
Ende eines in den menschlichen Körper eingebrachten Schlauchtei-
les befindet, ist nur eine Vorreiterin auf diesem Gebiet. Operationen
ohne aufwändige Eingriffe von außen werden einfacher machbar.
Die Nanotechnik wird in Ihrer Weiterentwicklung auch die Handha-
bung und die Verfahren in der Gentechnologie vereinfachen. Genveränderungen könnten dann sicherer und kontrollierbarer ausgeführt
werden. Dies alles kommt unseren Minis zugute.

DIE TOTALE ÜBERWACHUNG

In der zukünftigen Welt wird – nicht nur in den Bereichen der Minis –
eine gewisse Überwachung notwendig, sogar unausweichlich sein.
Es wird in vielen Fällen nicht nur der Staat oder eine Institution sein,
die das verordnet, sondern es wird auch immer mehr Firmen, Ver-
bände und Privatleute geben, die in eigenem Interesse mehr Sicherheit fordern werden. Das Argument Sicherheit wird für den Staat und
den Bürger in absehbarer Zeit eine Hauptrolle spielen. Im Fall der
Realisierung der Minis wäre z. B. die Sicherheit der Bewohner einer
Mini-Stadt, die dann nicht nur vor großen Tieren,   sondern auch vor
bestimmten Menschen geschützt werden müssen, ein wichtiges
Thema.
In Zeiten der Nuklear-, Bio-, Gen- und Nanotechnik, als Technologien, die nicht in falsche Hände fallen dürfen, wird die Sicherheits-
überwachung Voraussetzung für deren Anwendung. Die Zahl der
Arbeitnehmer, die in diesen Bereichen tätig sein werden, wird enorm
steigen und somit auch das Risiko der Werkspionage und des Da-
tenklaus. Für brisante Informationen, Viren, Gene oder Laborproben
werden dann auf dem Schwarzmarkt hohe Summen gezahlt.
Die Angebote werden einige Mitarbeiter verführen. Hier verbirgt sich
ein enormes kriminelles Potential.
Das wird, je nachdem, welche Gruppierung die Beute dann verwendet, ein Sicherheitsrisiko für alle. Ein konkretes Beispiel wäre die
Weitergabe von Informationen über Nukleartechnik Projekte eines
prominenten iranischen Wissenschaftlers.

Man geht zurzeit davon aus, dass zur Zeit keine Terrororganisation in der Lage ist, eine Atombombe zu bauen. Bei konventionellen Waffen oder Computerviren sieht es anders aus. Das Wissen, das man zu deren aggressiver Nutzung braucht, wird bereits illegal gekauft und angewendet.

Wir wissen schon lange, dass an Bio- und Nuklearwaffen kein Terrorist drankommen darf. Viele Regierungen der Welt, vor allen die der USA, geben sich Mühe, dass das so bleibt.

Die EU-Kommission hat einen Schutzkatalog vorgestellt, bei dessen Umsetzung allein für die Sicherheitsforschung ab 2007 eine Milliarde Euro jährlich für Projekte im Bereich Luftverkehr, Bioterrorismus und Lebensmittelsicherheit ausgegeben wird.

Demnächst werden Gen- und Nanowaffen erfunden und diese werden dann schlechter zu kontrollieren sein als die schwer herstellbaren Nuklearwaffen. Unter einer Gen-Waffe kann man sich eine präparierte Genkette vorstellen, die bei Menschen, Tieren oder Nahrung eine schädigende Wirkung (welcher Art auch immer) hat.

Die Wissenschaft wird uns in nicht allzu langer Zeit die Möglichkeiten zeigen.

Nano-Waffe – den Begriff gibt es noch nicht, aber Einiges, was die Nanotechnik zu bieten hat, kann und wird als Waffe verwendet werden können. Es ist auch hier nur eine Frage der Zeit, wann die entsprechenden Techniken zur Verfügung stehen.

In Anbetracht solcher Perspektiven wird die Bevölkerungsmehrheit in einigen Jahren nach Sicherheit und somit Überwachung rufen. Heute würden Datenschützer aufschreien, wenn sie wüssten, was in zehn Jahren alles in Angriff genommen werden muss, damit unsere Sicherheit, die Sicherheit auf der Welt, gewahrt bleibt.

Einen bitteren Vorgeschmack der möglichen Gefahren gab der 11. September 2001. Dieser Tag hat schon Vieles verändert. Dadurch, dass der Angriff mit keiner Waffe im eigentlichen Sinne erfolgte, sind die weiteren Möglichkeiten der Terroristen jetzt erst vielen bewusst geworden.

Was wäre gewesen, wenn New York mit biologischen oder nuklearen Waffen angegriffen worden wäre?

Die Sicherheitsstandards in den USA und weltweit haben sich verändert, von jedem Fluggast werden z. B. 32 Daten abverlangt, ausgewertet und gespeichert. Es wurden Maßnahmen eingeleitet, gegen die bisher Datenschützer Sturm gelaufen sind. Heute wird in Anbetracht der Gefahr vieles in Kauf genommen. Und das ist erst der Anfang.

Auch wenn das einigen erst mal nicht schmeckt, es werden noch mehr gravierende Vorkehrungen getroffen, und das auf Kosten unserer Freiheit: fälschungssichere Personalausweise, Ausweise für Sonderbereiche wie z. B. Labore, Kernkraftwerke aber auch für Firmen, Behörden, Transportmittel und Geschäfte;

Straßenschleusen mit Ausweislesegeräten und Kameras mit Auswertungssoftware, die jeder Fußgänger passieren muss. Diese Schleusen würden an Bahnhöfen, Flughäfen, Häfen und an anderen entscheidenden Knotenpunkten aufgebaut werden.

Die nun endlich eingeführte LKW-Maut würde sich auch für alle Pkws anbieten und wenn es funktioniert, ist eine Verbindung zu einem Überwachungscomputer kein Problem mehr.

Jede Person, die sich der Kontrollen entziehen möchte, würde sofort auffallen und erst recht überprüft werden.

Der Preis für die Sicherheit wird hoch sein. Positive Nebenwirkungen wird es auch geben. Z. B. werden die „konventionellen" Verbrechen reduziert werden. Jeder, der Böses tut oder tun will, wird hohe Hürden sehen und hoffentlich von der Tat absehen.

Parteien, die den Datenschutz propagieren, werden sich tapfer gegen viele Sicherheitsmaßnahmen wehren, aber nur so lange, wie sie von der Bevölkerung gewählt werden. Denn wie viel Sicherheit wir in Zukunft brauchen, wird in der Demokratie von der Mehrheit bestimmt und diese wird dann entscheiden müssen, was das kleinere Übel ist.

Flugzeugpassagiere, die über und in die USA fliegen, haben mittlerweile keine Wahl, was die Datenangabe angeht. Die meisten akzeptieren das und haben Verständnis.

Dieser Trend wird sich in den nächsten Jahren verstärken, und wir werden mit viel gravierenderen Sicherheitsvorkehrungen rechnen müssen.

Eine GPS-mäßige Erfassung jeder Person in bestimmten Bereichen z. B. durch fest am Körper befestigte Sender muss man sich schon vorstellen können. Ein heute schrecklicher Gedanke wird morgen zum begehrten Sicherheitsbedürfnis werden. In Regionen, in denen unsere Kleinen (Minis0,5 bis Minis0,25) wohnen, müssten alle größere Besucher und ggf. auch Tiere eine Sendererfassung haben – zur Sicherheit der Minis. Je nachdem, wie die Wohnbereiche oder

Städte später aufgebaut sein werden, bedingt durch die unterschiedlichen Größen der Bewohner müssen umfangreichere Sicherheitsmaßnahmen vorhanden sein. Zusätzlich kommen die ohnehin notwendigen hinzu.

Das Bedürfnis nach besonderem Schutz der körperlich kleineren
Menschen ist eher verständlich und aus deren Sicht sinnvoll. Eine
Bedrohung muss nicht unbedingt von einem Räuber oder Entführer
ausgehen, auch eine Kuh, ein bissiger Hund oder ein herkömmlich
großes Kleinkind, das nur spielen möchte, könnten den Minis gefährlich werden.

Man könnte annehmen, dass man als Mini0,5 den größeren Menschen körperlich schutzlos ausgeliefert ist. Wenn man jedoch die
Minis0,5 mit heutigen Kindern vergleicht, sieht das Ganze nicht mehr
so dramatisch aus. Ein erwachsener Mini0,5 ist sogar einem Kind –
egal wie groß es ist - geistig und auch in der Beherrschung seines
Körpers überlegen, also relativiert sich die vermeintliche Wehrlosig-
keit.

In Zukunft werden nicht nur Handys, sondern auch andere kleine
Geräte auf dem Markt sein, die für solche Bedrohungen eine Lösung
bieten werden, wie z. B. eine Notrufanlage im Gürtel oder im Zahn.
Kurz betätigt und sofort eilt Hilfe herbei z. B. in einem Mini-
Hubschrauber. Die scheinbare körperliche Unterlegenheit der Mi-
nis0,5 kann man also vernachlässigen.

Damit Wirtschaftsysteme funktionieren, muss produziert und verkauft werden. Die Umsätze müssen ständig wachsen. Politiker rechnen schon mit den Zusatzeinnahmen. Allerhand Konsumgüter werden hergestellt und in der Werbung als erstrebenswert angepriesen. Kaufen die Verbraucher die Sachen nicht, dann kriselt es in der Wirtschaft. Neue Produkte müssen her, damit der Kreislauf von Arbeit, Geld, Produkt und Kauf wieder funktioniert.

Unsere Minis0,5 würden einen enormen Neubedarf an allem, was ein Mensch braucht, hervorrufen – Produkte, die entsprechend kleiner sind. Außerdem werden nicht nur die Produkte selber benötigt, sondern auch die dazugehörenden Produktionslinien sowie alles, was damit zusammenhängt – also die Entwicklung und Konstruktion der Produkte, der Fertigungsmaschinen selber, der Verpackung sowie die Logistik, Verwaltung usw.

Tausende neue Produkte werden entstehen. Bei vielen einfachen Sachen wird nur eine maßstabgetreue Größenänderung nötig sein, die allerdings mit großem Aufwand verbunden ist. Komplette Formen der Werkzeugmaschinen müssen neu erstellt werden und zwar für jedes Detail. Die meisten komplexen Produkte lassen sich aber nicht einfach maßstabgetreu verkleinern. Es gibt viele technische und wirtschaftliche Grenzen, die eine Neukonzeption notwendig machen. Das bedeutet, es gäbe viel Neues zu entwickeln, zu fertigen und zu verkaufen, ein Bedarf, den unsere kränkelnde Wirtschaft benötigt. Ein Parallelmarkt für Minis würde entstehen.

Ökologisch gesehen würde dann aber pro Mini0,5 nur grob 1/8 der Rohstoffe gegenüber heute verbraucht. Ausbeutung und Verschmutzung der Erde könnten dadurch extrem reduziert werden.

Ein Wirtschaftswachstum ohne Gleichen könnte Hunderttausenden von Arbeitslosen Arbeit, Millionen Menschen Wohlstand und dem Staat schwarze Zahlen bescheren.

WITTERUNG UND KLIMAÄNDERUNG

Wenn wir vom Leben der Minis0,5 oder noch kleineren Menschen sprechen, dürfen wir das Wetter nicht außer Acht lassen. Bei starkem Regen, Wind, Hagel oder Schnee besteht für diese sehr kleinen Menschen eine große Gefahr. Ein halber Meter Schnee wird schon ein großes Hindernis, ein Platzregen und daraus resultierende reißende Wassermassen bedeuten ein lebensgefährliches Risiko. Diese Ereignisse haben normalerweise zwar eine gewisse Vorlaufzeit, schlimme Folgen hätten allerdings plötzliche Wetterumschwünge zum Beispiel mit Hagel oder Sturmböen. Größere Hagelkörner könnten einen Mini leicht erschlagen. Die Meteorologen der Zukunft werden genauere und zuverlässigere Wettervorhersagen machen müssen, um solchen Gefahren zu begegnen. Das dürfte aber kaum ein

Problem sein in Anbetracht der schon heute zur Verfügung stehenden Technik wie Satelliten, Computer, Feuchtigkeitssensoren usw. Eine Warnzeit von einer Stunde würde schon reichen, um Schutz aufzusuchen. Da jeder Mini ein Nachrichten-Empfangsgerät (Handy, GPS-ähnliches Ortungssystem usw.) dabei haben wird, kann er persönlich und automatisch seinem Aufenthaltsort entsprechend gewarnt werden.

Es gibt auch andere Gefahren, die allerdings nicht nur die Minis betreffen, nämlich die angehenden Klimaveränderungen, die langfristig Gebiete unbewohnbar machen bzw. erheblich beschädigen könnten. Auf die langfristigen Änderungen könnte man sich einstellen, schlimmer und sogar katastrophal könnten kurzfristige Klimaverschiebungen wirken.

Dass sich so etwas unter Umständen innerhalb von zwei Jahrzehnten ereignen könnte, sagen beispielsweise die Experten des Wuppertaler Instituts für Klima, Umwelt und Energie. Durch die ständig steigende Weltdurchschnittstemperatur, vorausgesagt wird eine Steigerung um ca. 4°C bis 2100, wird das Eis an den Polen schmelzen und das Salzwasser verdünnen. Das Wasser kann dann nicht so schnell abtauchen und das Golfstrom-System würde gestört werden. Es wird nicht mehr genug warmes Wasser in den sich nach Norden bewegenden Nordatlantik-Strom fließen, so dass dieser sogar kollabieren könnte.

Die nötige Wärme, die zurzeit in den Norden transportiert wird, würde fehlen. Die Temperatur würde extrem fallen, in England und Skandinavien würde es kälter werden, auf Holland käme jede Menge

Wasser zu, für den Süden der USA sagen die Experten eine Dürre
voraus. Eisige Winde mit Sturmfluten würden Küstengebiete verwüs-
ten.

Viele Regionen würden unbewohnbar werden – innerhalb eines Vier-
teljahrhunderts.

Weit gravierender könnten die politischen und dann die militärischen
Folgen dieser Naturkatastrophe sein. Ein Pentagonbericht kommt zu
dem Schluss: die Klimaverschiebung, wenn sie kommen sollte, wäre
gefährlicher als der derzeitige internationale Terrorismus.

Die Wahrscheinlichkeit, dass sie wie beschrieben eintritt, ist nicht
hoch – sie entspricht der Wahrscheinlichkeit, mit einem Flugzeug
abzustürzen. Allerdings wären im Falle einer Klimaverschiebung zig
Millionen Menschen betroffen.

„Ich halte es für unwahrscheinlich, dass uns eine solche Katastrophe
schon 2020 erwartet", sagt der zuständige Experte des erwähnten
Wuppertaler Instituts. Das ist für viele wiederum beruhigend und
man geht zur Tagesordnung über. Hollywood und ein deutscher
Regisseur haben ein interessantes neues Thema für einen Katastro-
phen-Film gefunden. Hoffentlich bewirkt er etwas - wenigstens in
unserem Bewusstsein.

Schweizer Forscher haben neue Beweise für einen Klimawechsel.
Sie konnten die Temperaturentwicklung der letzten 500 Jahre in
Europa rekonstruieren und stellten fest, dass die letzten sieben
Sommer die heißesten in diesem Zeitraum waren. Die Winter waren
entsprechend milder.

Für die heute Verantwortlichen, die auch unsere Zukunft sichern sollten, kann das nur heißen: den Klimaschutz konsequenter zu verfolgen, weniger klimaverändernde Rohstoffe zu verbrennen, weniger Regenwald abzuholzen, weniger Holz und Papier zu verbrauchen, den Kohlendioxidausstoß zu verringern und die weiteren schon lange geforderten Maßnahmen zum intelligenten Umgang mit der Umwelt in die Tat umzusetzen.

Unsere Minis könnten mit Leichtigkeit einige dieser Punkte verwirklichen wie zum Beispiel die Schaffung neuer Wohnbereiche durch das „Enger-Zusammenrücken" von kleineren Menschen, die dann jeder für sich immer noch reichlich Raum hätten. Man bedenke noch einmal, dass Minis0,5 nur 1/8 des Bedarfs an Raum und Gütern im Vergleich zum heutigen Menschen haben werden.

DIE NEUE ORDNUNG

Die Welt, in der die Minis leben, wäre eine Welt, in der auch normal große Menschen und Tiere leben. Eine sinnvolle Trennung wäre notwendig. Damit wir nicht alle Varianten, die sich durch die verschiedenen Maßstäbe ergeben, durchspielen müssen, nehmen wir erst mal an, es gäbe als verkleinerte Menschen nur Minis0,5.

Es müssten dann drei Bereiche existieren: einer für die Menschen jetziger Größe, einer für Minis0,5 und einer für beide. Die zwei ersten Lebensbereiche wären den unterschiedlichen Größen zugeordnet, der dritte wäre die Schnittstelle der Welten, wo die Treffen stattfinden würden, Geschäftsbeziehungen unterhalten werden und alle diversen Kontakte stattfinden würden.

Ein Beispiel wäre ein Lokal mit großen und kleinen Stühlen auf entsprechenden Podesten, in dem mit Besteck unterschiedlicher Größe unterschiedlich große Portionen zu entsprechenden Preisen serviert werden.

Die räumlichen und technischen Notwendigkeiten, die das Ganze nach sich zieht, dürften wohl ein weit geringeres Problem darstellen als die soziale und politische Komponente der Größenunterschiede. Spannungen und Neid werden schon aufkommen, wenn die Risiko-Phasen überstanden sind und die Vorteile der Minis0,5 zum Tragen kommen. Wie die Gesellschaft später reagiert, kann man schlecht abschätzen.

Mit heutigen Neuerungen und den heutigen Mechanismen zur Bildung von Einstellungen dazu wird man das Verwirklichen der Minis0,5 nicht vergleichen können. Dieses Unternehmen wird eine gesellschaftliche Wandlung zur Folge haben.

Wie sich das auf soziale Belange auswirkt, ist noch nicht genau zu sagen. Da gibt es viele Möglichkeiten.

Wir können nur hoffen, dass durch die neue Vielfalt, die die Gentechnologie dann bietet, auch mehr Toleranz entsteht.

Die heutigen Unterschiede in den Hautfarben werden in der Zukunft
die geringsten Unterschiede sein.

Urgeschwüre wie Rassismus, Nationalismus, Fremdenfeindlichkeit
und Volkshetze werden im Zeitalter der Minis nicht mehr in dem Maße vorkommen, wie wir es heute kennen. Minis werden überall geboren und sind erst einmal Kinder der Großen. Sie werden heranwach-
sen und als Erwachsene keine schwachen und wehrlosen Menschen
sein. Finanziell werden sie zu der oberen Schicht gehören und diese
wird in der Regel nicht diskriminiert. Da unsere Minis anfangs zu
einer Randgruppe gehören, werden sie nicht dulden, dass andere
Gruppen benachteiligt werden.   Die Solidarität unter den „neuen"
Menschen wird groß sein. Alle genveränderten Menschen, deren
Äußeres und Inneres vom bisher Üblichen abweicht, werden nicht
zulassen, dass man ihresgleichen ausgrenzt, und das nirgendwo auf
der Welt.
Die heute fortschreitende Globalisierung macht viele Menschen mo-
bil. Ein Job wird zukünftig vermehrt nicht nur im eigenen Heimatland
ausgeübt, sondern auch viel weiter entfernt z. B. in Amerika, China
oder Osteuropa. Auch das nationale Bewusstsein wird schwinden.
Man wird mehr an dem Wohl des Unternehmens interessiert sein, in
dem man arbeitet, als am Wohl des eigenen Staates.
Die Weltbevölkerung wird sich weiter vermischen zu einer großen,
vielfältigen Gemeinschaft von Menschen. Mittendrin werden Minis
wie Pilze aus dem Boden (heran)wachsen und sich ihre eigene Mini-
Welt aufbauen, in der sie leben und arbeiten und sich so in die glo-
bale Welt einfügen.

Nur die obersten Vertreter der rivalisierenden Religionen werden
versuchen, den Trend aufzuhalten. Es wird ihnen aber auf Dauer
nicht gelingen, die politische Entwicklung und die mit Sicherheit zu-
nehmende Demokratisierung der Welt aufzuhalten. In der Demokratie haben die Religionsführer keine diktatorische Macht mehr. Die
Überlegenheit der westlichen Demokratien ist schon heute nicht zu
übersehen. Die kommunistischen Systeme haben ausgedient und
Diktatoren werden aussterben.   Unsere Minis werden in einer freien
Welt aufwachsen, die höchstwahrscheinlich viel toleranter gegenüber Andersartigen ist als die heutige.

Wie schnell die Gesellschaft toleranter wird, sehen wir an unseren
homosexuellen Politikern. Sie können heute ihren Partner zu wichtigsten Veranstaltungen mitbringen und keiner der anderen Teilneh-
mer lässt sich Kritik anmerken.

Noch vor zehn Jahren wäre ein Outen das Ende der politischen
Laufbahn gewesen. So schnell kann sich die öffentliche Meinung
wandeln. Und es wird mit unseren Minis und deren Verwirklichung,
was die öffentliche Meinung angeht, auch relativ schnell gehen.

WER SOLL DAS BEZAHLEN?

Die Kosten für die Forschung und Entwicklung der Methoden zur
Verkleinerung des Menschen werden erheblich sein, auch wenn
viele ergänzende Erkenntnisse sozusagen als Nebenprodukte aus
anderen Bereichen kommen werden.
Ob der Staat die Suche nach den Genen, die das Wachstum bestimmen, finanzieren wird, ist fraglich. Also müssen Firmen oder
Organisationen, die diese Forschungen betreiben, Finanzierungs-
möglichkeiten finden. Fest steht: Die Verkleinerung gibt es nicht gratis. Irgendjemand wird das Unternehmen finanzieren müssen. Finanziell rentabel wird das Ganze erst nach Jahren oder Jahrzehnten
sein,   wenn das Verfahren sicher und erfolgreich anwendbar sein
wird. Für die riskanten Erstversuche mit möglicherweise katastro-
phalen Folgen wird keine Versuchsperson bezahlen, im Gegenteil,
die „Ersten" bzw. deren Eltern werden mit hohen Summen gelockt
werden müssen, damit das Verfahren getestet werden kann.
Die dadurch entstehenden Summen werden zusätzlich als Entwick-
lungskosten zu Buche schlagen. Erst nach jahrzehntelangen Ver-
suchsreihen mit positiven Ergebnissen und erfolgreichen Aussichten
für das Verkleinerungsprojekt würden Eltern bereit sein, für die Verkleinerung ihrer Kinder zu zahlen. Vielleicht wird dann der Staat, der
sich auch einige Vorteile ausrechnen kann, zum Sponsor.

Man könnte sich auch verschiedenartige Finanzierungsmodelle vorstellen, die darauf basieren, dass Minis in der Zukunft als Erwachse-

ne einen Teil ihres Einkommens, nehmen wir wieder 1/8, für ihre
vorangegangene Verkleinerung in bestimmte Fonds einzahlen.
Zuzumuten wäre ihnen das schon, auch wenn wir ihnen jetzt das
zweite Mal 1/8 von Ihrem Einkommen abziehen. Das erste Mal war
es 1/8 für die dann dringend anstehende Tilgung der Staatsschulden
nebst Zinseszinsen, die bis dahin astronomische Summen gebildet
haben.

Wenn wir alles zusammenfassen, bleiben dem arbeitenden Mini
immer noch 5/8 des Nettoeinkommens eines herkömmlich großen
Menschen übrig:

     8/8 Nettoeinkommen

    -1/8 Lebenshaltungskosten

    -1/8 Staatsschulden

    -1/8 Einzahlungen in Fonds für erfolgte Verkleinerung

    5/8

Wohl bemerkt, dies sind Abzüge vom Nettogehalt, vom Bruttoein-
kommen ziehen der Staat und Institutionen ihre Anteile schon ab.

Aber zurück zur Finanzierung der Verkleinerung. Die in die Fonds
fließenden Beträge könnten nach einem bestimmten Schlüssel an
die Forschungsinstitute und Firmen verteilt werden, die an diesem
Projekt mitbeteiligt waren. Allerdings sollten auch die nicht so erfolgreichen einen Anteil bekommen, denn das werden die meisten sein.

Wird dies vertraglich festgehalten und die interessierten Unternehmen bieten die Forschungsleistung an, könnten sie zum Beispiel in zirka fünfzig Jahren Aussicht auf Zahlungen aus diesen Fonds haben.

Voraussetzung wäre, dass Forschungen und Tests zum Thema Verkleinerung konkrete Inhalte und Ziele des Unternehmens sind. Auch Firmen, die weitläufig beteiligte Wissenschaftsbereiche untersuchen, könnten auf Teilzahlungen hoffen. Sie könnten tatsächlich nur hoffen, denn eine Vertragslaufzeit von 100 Jahren, die hier angebracht wäre, ist nicht üblich und sehr riskant.

Es würden sich bestimmt findige Börsenmakler und Versicherungen mit neuen Papieren melden, die Ähnliches auf Basis von Termingeschäften oder Aktienfonds anbieten würden.

Diese Papiere könnten frei an der Börse gehandelt werden.

Ein Anleger, der auf die Minis0,5 setzen will, könnte statt ein paar Kilogramm Gold diese Papiere einlagern. Es wäre eine hochspekulative Anlage, die im Laufe der Jahrzehnte extreme Kursstände, je nach Erfolg oder Rückschlag der Entwicklung, haben könnte. Damit könnte aber eine Finanzierung des Projektes „Minis0,5" schon heute in Gang gesetzt werden. Es würden jetzt schon einige darauf wetten, dass in 50 Jahren der erste Mini geboren wird. Nichts spricht dagegen, dass beispielsweise in zwei Jahren, wenn das nächste Insekt verkleinert wird, diese Aktienfonds um das Dreifache steigen würden. Der Vorteil dieser Fonds wäre, dass sie nicht vom Erfolg eines Unternehmens abhängen, sondern von der Summe der Erfolge aller im gesamten Forschungs- und Realisierungsverlauf früher oder später Beteiligten. Auf diesem Wege kann eine messbare Wertschöpfung entstehen, die die Zukunft der Menschen sichern könnte. Das wäre doch weitaus sinnvoller als das blinde Streben nach Wachstum und der blinde Konsum, die heute vorherrschen und genau das Gegenteil bewirken.

Grundsätzlich ist jede Forschung und das, was die Forschung unterstützt - also Bildung, (Elite-)Unis und Gelder hierfür - Wertschöpfung. Diese wird in der Zukunft als das Vielfache der Investition, sagen wir als eine Art Dividende, an die Menschheit zurückgezahlt.

Die Wertschöpfung kann den Unternehmen und Unis nicht zahlenmäßig zugeordnet werden, deswegen ist es auch wichtig, dass der Staat verstärkt die Funktion des Finanziers übernimmt.

Staaten fördern heute die Erforschung und die Entwicklung der Nutzungsmöglichkeiten regenerativer Energien, und das ist richtig so. Die Wirtschaft wird nicht das Nötige in dieses Ziel und ebenso wenig in das Projekt „Minis0,5" investieren können, da die Gesellschaften ihren Aktionären gute Zahlen vorlegen müssen und das im aktuellen Quartal und nicht erst in 20 Jahren.

Mancher wird sich fragen, ob eine Verkleinerung des Menschen sinnvoll ist, wenn zukünftig immer noch viel Land, Wälder, Berge und Wüsten vorhanden sein werden, wo man zahlreiche Menschen unterbringen könnte. Auf den ersten Blick ist es wohl richtig - der Mensch könnte Wüsten, Eis- und Bergregionen oder sogar die Meere für sich bewohnbar machen. Es gibt noch viel Fläche auf der Erde, die man als Wohnraum nutzbar machen könnte. Nur: Wer hat ein Interesse daran, das zu finanzieren?

Es wird zukünftig nicht nur um einige Container gehen, die in der Wildnis aufgestellt werden müssten, sondern um die gesamte neben dem Wohnraum zu schaffende Infrastruktur – Straßen, Leitungen, Wasser- und Abwasserversorgung, Geschäfte, Flughäfen, Arbeitsplätze usw. Also um alles, was der Mensch zum Leben braucht. Das alles in der Tundra oder Sahara aufzubauen, ohne Verbindung zur restlichen Welt, ist unbezahlbar. Die Kosten aller Maßnahmen, vom Aufbau über Transporte aller Art bis zur Versorgung der Wohnstätten, müssten deren Einwohner tragen.

Auch wenn der zukünftige oder die zukünftigen Bewohner solcher Dörfer viel Vermögen einsetzen könnten, würde eine private Finanzierung kaum funktionieren. Schließlich müssten auch die Feuerwehr, ein Krankenhaus, vielleicht noch ein kleines Kraftwerk, eine Kläranlage usw. mit aufgebaut werden.

Diejenigen, die neuen Wohnraum bräuchten und ihn nicht finden, sind hauptsächlich arme Menschen aus der „3. Welt". Sie werden sich eine solche Lösung nie leisten können. Die einzige Chance für sie ist eine Ansiedlung an eine vorhandene Infrastruktur oder mindestens in der Nähe einer solchen - meistens in menschenunwürdigen Behausungen wie Slums in der Nähe einer Großstadt wie z. B. Mexiko-City.

Den Menschen dort fehlt es an allem, und der zuständige Staat ist nicht in der Lage zu helfen, geschweige denn fähig und bereit, neue Wohnbereiche zu bieten. Eine Umquartierung dieser Menschen in die vorher erwähnten noch freien Bereiche ist utopisch, da von niemandem finanzierbar.

Vielleicht aber wird in 40 Jahren eine Genverfahren-entwickelnde Firma jungen kinderlosen Paaren eine Wohnung und finanzielle Unterstützung anbieten, wenn sie bereit sind, ihre Kinder als Minis zur Welt zu bringen. Die Eltern, die das für ihre Kinder entscheiden, und deren Kinder selber hätten eine gesicherte Existenz und eine Chance auf ein menschenwürdiges Leben.

Nach ca. 20 Jahren werden die dann erwachsenen Minis Berufe ergreifen und wie schon vorgerechnet nur 1/8 des jetzt Üblichen verbrauchen und benötigen, aber 8/8 dessen verdienen. Die Lebensqualität wir somit erheblich verbessert.

Die Alternative wäre ein Leben im Elend, denn die Slums werden wachsen, die Nahrung wird teurer, die Arbeitslosenzahlen werden steigen. Gewalt, Banden- oder gar Bürgerkriege, medizinische Unterversorgung, Krankheiten, Hunger und eine hohe Kindersterblichkeitsrate werden herrschen. Das, was heute schon aus der „3. Welt" bekannt ist, wird sich als alltägliche Situation auf andere Weltregionen ausweiten. Zurzeit haben die betroffenen Menschen kaum Chancen, aus diesem Elend auszubrechen.

Das Angebot zur Verkleinerung der Kinder zu Minis0,5 würden die Betroffenen sicher annehmen, vorausgesetzt, es würde sich um ein geprüftes und sicheres Verfahren handeln.

MINIS IM ALL

In keinem anderen Bereich wäre eine Verkleinerung sinnvoller als in der bemannten Raumfahrt.

Kleinere Menschen, kleinere Geräte und geringere Sauerstoff- und Proviantmengen würden kleinere Raketen ermöglichen.

Gleichzeitig könnten bei gleichbleibender Raketengröße mehr Menschen transportiert werden. Das Ganze würde viel wirtschaftlicher und effektiver erfolgen. Es könnten weitere Strecken zurückgelegt oder mehr Experimente gemacht werden.

Jahrelangen Reisen wäre man einen Schritt näher gekommen. Es ist vorstellbar, dass in den Generationen, in denen die Raumfahrttechnik entsprechend weit vorangeschritten wäre, bereits zahlreiche Minis0,25 unter der Bevölkerung wären.   Das hieße, anstatt eines Astronauten mit heute normalen Körpermaßen könnten 64 Minis0,25 in einer Rakete gleicher Größe Platz finden. Oder, wenn Minis0,2 eingesetzt werden, könnten es 125 Astronauten sein: ein ungeahntes Potential, das sich hier eröffnet. Sollten irgendwann Reisen zu den anderen Sonnensystemen anstehen, wäre ein Flug über mehrere Generationen notwendig. Eine Verkleinerung der Menschen wäre die praktischste Möglichkeit, ganze Familien in den Raumschiffen zu beheimaten. Die Startenden würden - bei planmäßigem Flugverlauf - nie mehr auf der Erde landen.

Ihre Enkel würden erst in Jahrzehnten oder weitere Nachkommen erst in Jahrhunderten ein anderes Ziel erreichen. Also wären deren geringe Körpermaße für alle absolut normal, es wären überhaupt keine sozialen oder andere Nachteile im Alltag zu befürchten, denn

größere, also Menschen herkömmlicher Größe würde es für sie nie
mehr wieder geben.

Das bedeutet aber natürlich nicht, dass alle Minis0,2 zu Astronauten
ausgebildet und anschließend ins All befördert werden. Einige würden sich bestimmt als Astronauten ausbilden lassen, aber nur wenige, wie das auch heute ist, würden dann tatsächlich einen Flug an-
treten können. Die meisten Minis0,2 aber werden wohl auch andere
Berufe wählen. In einer eigenen Stadt, gesichert vor den sehr viel
größeren Menschen, würden sie zu Tausenden arbeiten und gut
leben. Gut leben, weil sie erstens vom Staat oder einer Institution
unterstützt werden und zweitens – wie schon vorgerechnet - jetzt
nicht nur 1/8 dessen, was ein Mensch heute konsumiert verbrauchen, sondern nur noch 0,2 x 0,2 x 0,2 = 0,008, also 1/125 dessen.
Wenn jetzt nur einer aus der Familie arbeitet und das Gleiche leistet
wie ein Mensch herkömmlicher Größe, könnte er vereinfacht gerechnet 125 Familienmitglieder mit seinem Gehalt ernähren.

DER RICHTIGE ZEITPUNKT

Denjenigen, die eine Verkleinerung der Menschen für utopisch halten - und die wird es zweifelsfrei reichlich geben - kann man die letzten 100 Jahre vor Augen führen. Der Stand der Technik, der Medi-

zin, der Wissenschaft allgemein, der Wirtschaft und der politischen
Systeme ist heute ein erheblich anderer als früher. Vor 100 Jahren
hätte das alles, was heute Realität ist, kaum jemand ahnen können.
Jules Verne und Stanislav Lem, die Sience-Fiktion-Autoren von damals, sind die wenigen Ausnahmeerscheinungen, die teilweise in die
richtigen Richtungen fantasiert haben.
Herztransplantation, Atombombe, Fernseher, Handy oder Internet
sind aber auch ihnen nicht eingefallen.
Um die Jahrhundertwende hat man sich kaum mit Zukunftsvisionen
beschäftigt, obwohl die technische und wissenschaftliche Entwicklung an Tempo zunahm und mit Weiterentwicklung zu rechnen war.
Eine damals populäre Persönlichkeit sagte: „Es ist jetzt schon alles
erfunden worden, ich glaube nicht, dass da noch etwas kommen
kann".
Tatsächlich ist doch noch jede Menge „gekommen" und – das können wir jetzt abschätzen: es wird noch dicker kommen.

Wie und vor allem in welchem Tempo wird es wohl weitergehen?
Angesichts dessen, dass wir heute nachvollziehen können, in welcher Geschwindigkeit sich die Menschheit in der Vergangenheit entwickelt hat, drängt sich die Frage auf, wann man frühestens mit dem
Vorhaben „Verkleinerung des Menschen" beginnen könnte.
Die Voraussetzungen zur sicheren und zuverlässigen Verkleinerung
müssen zuerst geschaffen werden. Viele Tests, vor allem an Tieren -
teilweise später aber auch an Menschen - müssten zunächst positiv
abgeschlossen sein.

Langzeittests über zwanzig Jahre mindestens, wenn nicht sogar
lebenslange Versuche, müssten folgen, um die Lebenserwartung
und –qualität der Menschen mit manipulierten Genen bestimmen zu
können. Vielleicht gibt es lebensverkürzende oder auch -
verlängernde Nebenwirkungen der zur Verkleinerung notwendigen
Genveränderung.

Wenn wir annehmen, dass in zehn Jahren die zu verändernden Gene gefunden sind und anschließend dreißig Jahre lang die Genveränderungen an Tieren getestet werden, so könnte der erste Mensch
– die erste Testperson - in vierzig Jahren gezeugt werden, um nach
weiteren vierzig Jahren eine zuverlässige Methode entwickeln zu
können.
Also könnten realistisch betrachtet von jetzt an achtzig Jahre vergehen, bis kleinere Menschengenerationen - die Minis0,5 - aufwachsen
könnten.
Was die Notwendigkeit angeht, ist diese Entwicklung schon heute
überfällig. Beim derzeitigen Wachstumstempo könnte die Erde in
achtzig Jahren bereits von 20 Milliarden Menschen bevölkert sein,
das sind etwa dreimal mehr als zurzeit. Lebensverlängernde Maßnahmen durch die fortschreitende Medizin, Gentechnik und andere
Maßnahmen kommen hinzu. Das heißt, die Menschen leben länger,
haben gesündere und durch die geringere Sterblichkeitsrate eventuell auch mehr Kinder und erreichen ein sehr hohes Durchschnittsalter. Krankheiten und Seuchen können schneller und besser behandelt werden, menschliche Organe werden leichter zu ersetzen sein
(durch zukünftig weiterentwickelte Gentechnik). Das alles wird die

Bevölkerung noch schneller anwachsen lassen. Demgegenüber werden die Ressourcen dann ziemlich verbraucht und teuer sein. Die ersten Kämpfe um Wasser und Nahrung haben zu dieser Zeit schon stattgefunden.

Die Verkleinerung wäre die rettende Möglichkeit für Milliarden, dem drohenden Elend zu entkommen.

Eine heute bereits existierende Region oder Stadt, die irgendwann nur Minis0,5 beheimatet, hat dann ihre Größe relativ gesehen verachtfacht, oder anders herum gesagt können dort achtmal so viele Menschen wohnen lassen als zurzeit.

Sollte sich die Verkleinerung in den nächsten Jahrhunderten durchgesetzt haben und fast alle Menschen sind dann Minis0,5, haben wir die Welt aus deren Sicht betrachtet um den Faktor 8 vergrößert.

Sollte sich sogar eine Menschengröße von 45 cm durchsetzen (Minis0,25), könnte man von einer relativen Vergrößerung der Welt um den Faktor 64 sprechen.

Es sind keine anderen Konzepte, Erfindungen, Ideen oder Systemen in Sicht, mit denen sich die für den Menschen lebensnotwendigen Komponenten (wie z. B. Nahrung, Raum, Luft Wasser, organische und anorganische Ressourcen) um solche Faktoren vervielfältigen ließen. Die Effekte wären so als ob man ein Verfahren erfunden hätte, mit dem man aus einem Kilogramm Gold acht Kilogramm machen könnte, oder eine Pflanze so verändern könnte, dass sie den achtfachen Ertrag der vergleichbaren ursprünglichen Pflanze bringen würde. Das ist kaum zu schaffen.

Im Vergleich zu dem, was sonst noch an vielfältigen Entwicklungen im nächsten Jahrhundert anstehen wird, wären die Minis an sich – abgesehen von ihrer Größe – im Prinzip genau solche Menschen, wie sie heute existieren. Das sollten wir hier besonders unterstreichen, denn die Techniken, die sich bis dahin bieten werden, könnten einen Supermenschen mit besonders schönem Körper, hoher Intelligenz, mit garantierter Gesundheit bis zum Alter von 120 Jahren, Resistenz gegen übliche Ansteckungskrankheiten usw. möglich machen. Realistisch ist auch, dass irgendwann – vielleicht schon bald - Menschen mit eingepflanztem Computer existieren oder Roboter mit menschlichem Gehirn. Auch dies wird machbar sein. Das und noch vieles mehr.

Inwieweit diese Entwicklung gut oder schlecht ist, haben die nächsten Generationen zu entscheiden. Denn sie werden vor der Wahl stehen mit den Erfahrungen über die Dinge, die wir heute beginnen. Die Vorteile einer Verkleinerung liegen auf der Hand. Die anderen Vorteile, die die Gentechnologie bieten, haben bestimmt ihre Reize, aber die Technologie hat auch ihre Risiken. Wo die Grenzen liegen, weiß jetzt keiner und wenn es eine deutliche Grenze gibt, dann nur jetzt und hier. Morgen und in einem anderen Land wird die Grenze überwunden und der Grenzstein gesetzt sein. Was heute verboten ist, wird morgen Grundlage und Voraussetzung der neuen Gentechnologie sein und gefördert werden. Auch wenn uns das heute wie in Frankensteins Bastel-Labor vorkommt und wir mit Unverständnis und Entsetzen an die zukünftigen Möglichkeiten denken, sollten wir bedenken: unsere Enkel werden anders damit umgehen. Die vielen

Fragen, die schon heute gestellt werden – was soll man dürfen und was nicht –, werden irgendwann beantwortet sein.

Jede weitere Generation wird in ihrer jeweiligen Situation die Frage für sich neu stellen und Antworten finden. Die Antworten aber, die die Grenzen festlegen, werden nicht immer die gleichen bleiben.

LÄNGERES LEBEN

US-Forscher fanden heraus, dass eine bestimmte Genveränderung bestimmte Fliegen doppelt so lange leben lässt wie gewöhnlich. Das Gen, an dem diese Mutation vorgenommen wurde, ist auch im menschlichen Erbgut vorhanden, berichtet ein US-Fachmagazin. Baseler Wissenschaftler führten ein Experiment durch, in dem die Größe einer Taufliege auf die Hälfte reduziert wurde, und erhielten im Prinzip das gleiche interessante Ergebnis: Das Wachstum der Zellen hat sich um den gleichen Faktor verlangsamt und die Taufliege lebte doppelt so lange wie eine Taufliege ohne Mutation.

Ob dieser Effekt auch bei Menschen eintreten würde?

Wenn wir das annehmen, könnte auch der Mini0,5 viel länger leben. Einzelne Lebensphasen, die Jugend, aber auch das Alter, könnten länger werden. Würden Schwangerschaften auch länger dauern? 12, 15 oder 18 Monate?

Wenn das so wäre, müsste die Menschheit noch mehr daran setzen,
dass sich einiges gravierend verändert: All die Faktoren, die die Bevölkerungsexplosion, den Ressourcenverbrauch, die Umweltver-
schmutzung verursachen, müsste noch stärker reduziert werden.
Noch dramatischer wäre es, wenn in Zukunft Lebensverlängerung
gezielt möglich wird – ohne Menschen gleichzeitig zu verkleinern.
Dann würden sich die Probleme vervielfachen. Anders herum gesagt – sollten die Menschen ihre Lebenszeit gravierend verlängern
können, wie auch immer - verringert die Verkleinerung der Menschen die Probleme, die sie dann bewältigen müssten. Die Verkleinerung müsste eine Voraussetzung für ein verlängertes Leben werden, damit die Probleme sich nicht potenzieren.

Keiner kann jetzt sicher beurteilen, ob die Verkleinerung der Menschen automatisch eine Lebensverlängerung zur Folge hätte oder
erst durch eine zusätzliche Genmanipulation zu erreichen wäre.
Man kann aber davon ausgehen, dass die zukünftigen Menschen,
Minis oder nicht, eine um ca. 10 % bis 20 % längere Durchschnitts-
lebenszeit haben werden als heute. Die Lebensart und die teure,
aber besser werdende medizinische Versorgung werden dazu beitragen. Minis könnten sich also schon alltagsbedingt auf eine längere Lebenszeit einrichten.
Pragmatisch betrachtet wäre es schon berechtigt, dass die, die wenig benötigen, und das wären die Minis, länger leben und vielleicht
auch dadurch mehr Kinder zur Welt bringen als Menschen herkömmlicher Größe. Die Zahl der Nachkommen jedes Einzelnen wird in der
Zukunft ein zunehmend wichtiges Thema. Nicht nur wie heute in

China, sondern weltweit wird eine Regulierung stattfinden müssen.
Die Minis könnten in diesem Punkt bevorzugt werden.

Was heute mit Fliegen möglich ist, könnte bei dem uns bekannten
Entwicklungstempo auch bald mit weiter entwickelten Tieren möglich
sein. Fliegen werden zum Forschen gerne genommen, da deren
genetische Bausteine mengenmäßig überschaubar und bereits gut
erforscht sind. Wann komplexere Lebewesen gentechnisch komplett
entschlüsselt sein werden, ist nur eine Frage der Zeit. Eine relativ
große Bandbreite neuer Wissenschaftsgebiete wird dazu beitragen,
diese Aufgabe zu lösen.
Mit Hilfe der Bioinformatik zum Beispiel und anderen ähnlichen
Technologien wird der große Schritt von der Fliege zum Mini, was
die genetische Identifizierung betrifft, immer kleiner.

SCHAUEN WIR INS JAHR 2124

Schauen wir uns ein paar Minis im Jahre 2124 an. Wo und wie werden sie leben?

Peter, solche Namen sind wieder in, ist 21, alleinstehend und ein Mini0,5 in der ersten Generation.

Er studierte an der Internetuniversität Elektromaschinenbau, arbeitet nun in einer großen Baufirma in Düsseldorf und wohnt in einem Mini-Dorf am Rande von Essen. Zur Arbeit fährt er mit einem Transrapid-ähnlichen Verkehrsmittel, das nur zwischen den Megastädten im 10-Minuten-Takten pendelt.

Peter verdient gut – 3.000 Deulro (eine aus Dollar und Euro gebildete Währung) netto.

Es gibt nur diese eine Währung, denn die Globalisierung schreitet voran. Viele Devisenhändler, Geldwechsler und auch Zöllner können jetzt sinnvollere Jobs machen.

Es gibt nur eine Weltbank und eine Geldregulierungsbehörde unter dem Vorsitz einer großen Weltorganisation.

Peters Eltern haben noch herkömmliche Körpergrößen und leben in Mettmann. Hier ist Peter in dem Haus seiner Eltern aufgewachsen, das vor 20 Jahren minigerecht umgebaut wurde. Es wurde damals mit Treppen-Zwischenstufen ausgestattet, in zwei Räumen wurden Zwischendecken eingezogen und die Fenster, Türen und so weiter angepasst. Das ganze Standardumbauprogramm hat Peters Eltern 20.000 Deulro gekostet, die Gen-Verkleinerung ihres Sohnes noch-

mal das Gleiche. Dafür hatten sie bei einer speziellen Verkleine-
rungs-Bank einen Kredit aufgenommen, den Peter teilweise in den
nächsten drei Jahren zurückzahlen wird. Für Peter ist das kein Problem bei seinem Gehalt und seinen geringen Lebenshaltungskosten
(zur Erinnerung: 1/8 der Kosten herkömmlich großer Menschen). Die
drei Jahre sind schnell um und als Nächstes möchte Peter sich ein
Haus kaufen. Er hat sich das schon ausrechnen lassen – nach weiteren drei Jahren kann er einziehen und bar bezahlen.

Peters Arbeitgeber stellt Einfamilienhäuser her, die aus einem Re-
cycling-Gemisch in einem Stück gegossen werden. Davor werden
die notwendigen Versorgungsleitungen wunschgemäß installiert. Ein
solches Haus hat nur 1/8 des Gewichtes eines „normalen" Hauses.
Es wird komplett mit einem Luftschiff (eine Art Zeppelin), das bis zu
350 Tonnen heben kann, als Luftfracht an seinen Bestimmungsort
gebracht. Die Baufirma liefert weltweit, und das Luftschiff kann mehrere Häuser gleichzeitig so weit wie gewünscht transportieren, ohne
Zwischenhalt.

Seitdem Peters Baufirma und das Transportunternehmen zusam-
menarbeiten, machen beide gute Gewinne. Eigenheime sind jetzt
durch dieses Verfahren erschwinglicher geworden.

Verschiedene Wohnungsmodelle, auch zweietagige, sind im Angebot. Diese können mit unterschiedlicher Raumaufteilung aufeinander
gestapelt und an das Versorgungsnetz schnell angedockt werden.
Das hat den Vorteil, dass die Wohnungen oder Häuser innerhalb
weniger Tage in einer anderen Stadt aufgestellt werden können. Das
ist sehr praktisch z. B. beim Arbeitsplatzwechsel. Den Umzug über-

nimmt ebenfalls das Luftschiff-Transportunternehmen, das so recht
gut ausgelastet ist.

Peter konstruiert die Kopplungsstellen der Versorgungsleitungen, die
demnächst vom Weltnormausschuss genormt werden. Wenn es so
weit ist und Peter dafür nicht mehr gebraucht wird, bekommt er eine
neue Aufgabe in dem 500-Mann-Unternehmen. Er soll dann neue
Andockstellen an Schiffen und in Ferienorten konzipieren.

So sollen Umzüge nach Übersee weiter erleichtert werden. Die Im-
mobilie braucht dann per Luftschiff nur bis zum Schiff transportiert zu
werden. Die Umziehenden könnten auf dem Schiff in ihren bisherigen Wohnungen, die sie einfach mitnähmen, weiter wohnen. Peter
wird dann mehr reisen müssen, worauf er sich schon freut.

Mit seinem Chef hat Peter sein neues Gehalt ausgerechnet: Er bekommt dann 5.000 Deulro brutto, was genau 3.550 Deulro netto
bedeutet. Zurzeit werden 29 % Steuern vom Gehalt abgezogen,
sonst nichts. Jeder kann sich seine Steuerbelastung auf einer Brief-
marke ausrechnen.

Die Berufsgruppe der Steuerberater gibt es seit 90 Jahren nicht
mehr. Wenn die Kinder jetzt im Geschichtsunterricht erfahren, dass
es früher eine Berufsgruppe gab, deren Angehörige komplizierte
Regeln aufstellten (Finanzbeamte), und dann wiederum eine, deren
Angehörige diese Regeln übersetzten (Steuerberater) − und das für
viel Geld, sind sie erstaunt. Manche lachen dann verständnislos.

Die meisten derjenigen, die einmal mit der Zeit unsinnig gewordene
Berufe ausgeübt haben, sind im Laufe der Zeit zu Lebensberatern
umgeschult geworden.

Peter hat zwei Lebensberater. Das ist normalerweise nicht üblich, aber er kann sich das leisten als Mini0,5. Immerhin sind zwei Meinungen von Experten immer besser als eine.

Darüber hinaus haben die Berater auch Schwerpunktgebiete.

Mit dem Lebensberater Wilfried (ein herkömmlich großer Mensch) ist er befreundet. Die beiden haben zusammen an einem 4-Tage-Lehrgang auf dem Mond teilgenommen. Peter hat den Ausflug von seinem Chef geschenkt bekommen – für gute Leistung. Wilfried war beruflich da, um die Erfahrung in der Schwerelosigkeit und unter Einfluss der Mondanziehungskraft mit den bisherigen esoterischen Theorien und Erkenntnissen der Psychologie in Zusammenhang bringen zu können. „Solche Fortbildungen braucht ein Lebensberater für seine Arbeit", hat er Peter einmal erzählt.

Wilfried hat seine Ausbildung in Ikeaburg, der Millionen-Metropole im hohen Norden, absolviert. (Die Namen der zukünftigen Großstädte und Regionen werden uns aus anderen Zusammenhängen bekannt sein.) In Nordamerika gibt es sogar Microsoftland, dessen Präsident Wald Gates, ein Urenkel Bill Gates, ist. Solche „namensgebenden" Firmen sind im Laufe der Jahrzehnte noch mehr gewachsen, haben Ministädte und Regionen aufgebaut und gesponsert, natürlich nicht ohne Eigennutz. Zum Beispiel wurden mit Unterstützung des Microsoft-Konzerns Hochhäuser gebaut, in denen Software- und Computerexperten arbeiten –und dies zu einem Achtel der Kosten eines herkömmlichen vergleichbaren Gebäudes. Man findet solche Microsoft-Zweigstellen auf der ganzen Welt. Um sie herum wohnen die Mitarbeiter, teilweise in Häusern, an deren Fertigstellung auch Peter mitgewirkt hat. Peter ist auch mit Sonderprojekten betraut, wie zum

Beispiel mit der Versorgung einer Stadt, die auf einer mehrere Quadratkilometer großen Schwimmplattform an der Gangesmündung
errichtet wurde. Das war ein Auftrag von Colacity – Firmensitz und
Hauptstadt des riesigen Cola-Unternehmens. Es gibt übrigens nur
noch diese Limonadengetränkemarke, dafür aber ein paar hundert
Sorten, je nach Land oder Region. Die schwimmende Stadt war der
einzige Auftrag dieser Art für Peters Baufirma. Ein Konkurrenzunter-
nehmen aus Neuseeland hat sich auf derartige Projekte konzentriert
und mittlerweile 19 Städte fertig gestellt. Sie können in Ufernähe
transportiert und verankert werden, nachdem deren ca. 400 Tonnen
schweren Einzelteile per Luftschiff herangeschafft wurden. Eine
schwimmende Urlaubsinsel war auch dabei, die jetzt in der Karibik
zum Einsatz kommt.

Unternehmen, die Minis0,5 beschäftigen, sind enorm schnell gewachsen, und das sehr zur Zufriedenheit der Aktionäre, die zum
Großteil Minis0,5 sind. Die Unternehmen, die nicht auf Minis0,5 als
Arbeitnehmer gesetzt haben, sind aufgrund der viel höheren Be-
triebskosten weit abgehängt worden. Mittlerweile werden Minis0,5
und noch kleinere Mitarbeiter vorzugsweise gesucht. Für die meisten
Unternehmen sind die Minis0,5 die größte Zielgruppe. Die Anzahl
der Produkte speziell für sie steigt stetig.

Peter hat einen älteren Bruder namens Mole, der aber kein Mini0,5
ist. Die Eltern haben sich erst bei Peter für die Verkleinerung entschieden, nachdem ihre Nachbarn und Freunde auch Minis0,5 zur
Welt gebracht hatten. Mole lebt mit 25 Jahren noch bei den Eltern,

die mit 56 und 52 Jahren Rentner sind. Finanziell steht er nicht so gut da wie Peter. Manchmal lässt er durchblicken, dass er auch lieber ein Mini0,5 wäre.

Die Eltern rechtfertigen sich – er wäre mit Liebe gezeugt worden und nicht wie Peter nach einem Laborbesuch. Die beiden Brüder finden sich mit ihrer Situation ab, denn sie wissen nicht, wie sie an Stelle ihre Eltern gehandelt hätten. Für sie ist aber klar: Ihre Kinder werden Minis0,5 oder sogar Minis0,25.

 Es gibt schon einige Regionen auf der Welt, in denen Tausende von Minis0,25 sesshaft geworden sind. Das größte Dorf liegt in einer englischen Grafschaft. Noch leben diese Minis ziemlich abgeschirmt von Menschen herkömmlicher Größe.

Peter hat seit einem Jahr eine Freundin. Kassandra und er haben sich im Internet gesehen (Webcam) und anschließend getroffen. Sie wohnt in einem Mini-Stadtteil bei Hamburg. Die Entfernung ist für die beiden kein Hindernis, sich regelmäßig zu sehen. Der besagte Transrapid-ähnliche Zug schafft die Strecke nach Düsseldorf in einer Stunde und die öffentlichen Verkehrsmittel sind preiswert. Kassandra hat alte Sprachen und Ägyptologie studiert. Zurzeit arbeitet sie mit hochrangigen Kollegen an einer Sprachdechiffrierung.

Man hat in Ägypten alte Schriften aus der Pyramidenzeit gefunden und hofft auf Erkenntnisse über den Pyramidenbau. Kassandra arbeitet teilweise in Ägypten, über eine Weiterentwicklung des UMTS-Netzes sieht sie Peter aber täglich. Mit Hilfe spezieller Geräte kommen sie sich näher, sehr nah sogar.

Kassandras Eltern sind auch Minis0,5; sie ist also auf natürlichem Weg gezeugt worden.

Ihr Vater hat ein Optikergeschäft hauptsächlich für Minis0,5. Ab und zu kommt auch ein herkömmlich großer Kunde, denn das Geschäft ist auch auf sie ausgerichtet. Neuerdings können hier sogar Minis0,25 bedient werden, da sein Geschäft in Bahnhofsnähe liegt und ein separater, tunnelähnlicher Weg, vorbeiführt. Durch den können die reisenden Minis0,25 geschützt vor denjenigen anderer Größen direkt in die anliegenden Geschäfte gelangen. Es gibt auch einige Minis0,25, die sich frei in der Welt der Menschen anderer Größen bewegen. Die meisten nutzen jedoch die für sie geschützten Bereiche. Da es noch relativ wenige Minis0,25 gibt, sind diese Einrichtungen nur in größeren Städten zu finden.

Peters Eltern sehen in Kassandra eine gute Partie für Peter, und sie wissen, dass, wenn die beiden Eltern werden wollen, sie nicht vor der schweren Entscheidung stehen, ob ihre Kinder Minis0,5 werden oder nicht. Das junge Paar könnte theoretisch ein Mini0,25-Kind haben, dies ist aber in Europa noch nicht so üblich. Die Minis0,25 kommen hauptsächlich aus Südamerika oder Indien. In diesen Regionen waren die Verkleinerungen schon früher sehr verbreitet. Indien hat in jeder Hinsicht fast den Entwicklungsstand von Europa erreicht.

Von Neu Delhi nach Hamburg gibt es eine gute Transportverbindung. Riesige Überschallflugzeuge mit neuartigem Raketenantrieb fliegen im Stundentakt zwischen den beiden Megastädten hin und her. Diese Strecke ist die Hauptschlagader zwischen Nord und Süd. Von Hamburg oder von Neu Delhi aus fliegen dann kleinere Regio-

nalmaschinen, die die Passagiere zu ihren weiteren Zielen bringen.
Es wird sehr viel geflogen und durch die Luft transportiert. Die Flug-
sicherheit ist um ein Vielfaches erhöht worden. Zuverlässige, sich
selbst kontrollierende Geräte überwachen den Luftraum, die Fracht,
die Maschinenteile der Flugzeuge und die Passagiere. Nach bestimmten Personenmerkmalen wird jeder einzelne identifiziert, die
Daten werden mit mehreren Personaldaten weltweit verglichen – erst
dann darf man mitfliegen. Flugzeugentführungen gibt es kaum, die
Technik ist auf alle Möglichkeiten im Vorfeld eingerichtet worden.
Personen und Gepäck werden durchstrahlt, jeder Kubikzentimeter
wird zugeordnet, von Datenbanken überprüft, gewogen, analysiert
und erst dann zum Flug freigegeben.

Da es diese Kontrollen überall gibt, in Form von Schleusen vor Ge-
schäften, an Bahnhöfen, Straßenecken und allen wichtigen Knotenpunkten, sind weniger Terroranschläge und Verbrechen zu verzeich-
nen. Die Menschen haben längst akzeptiert, dass strenge
Überwachung und Freigabe der persönlichen Daten mehr Sicherheit
bedeuten. In bestimmten Städten und Regionen werden Menschen
mit einem Ortungssystem beschützt. Datenbanken speichern über
einen bestimmten Zeitraum die Bewegungen aller Personen ab.
Manche haben eine Minikamera mit Sender an der Kleidung, die im
Ernstfall einen Angreifer oder Entführer aufnimmt.

Die Verbrechensrate ist in diesen Regionen auf ein Zehntel gesun-
ken. Einen Missbrauch der gespeicherten Daten gibt es zwar auch,
dieser wird aber schnell aufgedeckt und bestraft.

Gezielter Werbeinformation muss der Verbraucher erst zustimmen.
Viele nutzen so erlangte Produktinformationen über die Dinge, die

sie tatsächlich benötigen. Die Werbefirmen haben den individuellen
Bedarf ziemlich genau ermittelt.

Ist der alte Gartenroboter nicht mehr so effektiv, wird das nächste
Modell gezielt angeboten – und oft verkauft. Dann kann der Erwerber
zum Nachbarn sagen: „Meiner kann jetzt Rosen pflegen und arran-
giert auch schon mal einen Blumenstrauß. Als ich gestern vom 5-D-
Kino zurückkam, standen Blumen in Farben meines Hemdes auf
dem Tisch."

Manche Menschen, zumeist die Minis, haben einen Roboter, den sie
in die Stadt zum Einkaufen mitnehmen. Alte und Kranke lassen sich
mit speziellen Robotern transportieren, die auch beim Treppenstei-
gen behilflich sind. Dies hat allerdings seinen Preis, und nur wenige
können sich diese teuren Roboter leisten.

Es gibt Menschen, die 160 Jahre und älter werden, das Durchschnittsalter liegt bei 121.

Die, die es sich leisten können, kaufen spezielles Essen, das den kJ-
Verbrauch reduziert - bei gleichbleibender Lebensqualität. Es gibt
verschiedene Verfahren und Anbieter, die dann von Lebensberatern
empfohlen werden. Die andere Möglichkeit, die Lebenszeit zu verlängern, ist die Gen-Behandlung vor der Geburt. Sie wird oft mit der
Verkleinerung zusammen vorgenommen. Die so behandelten Minis
werden um die 138 Jahre alt. Minis mit lebensverlängernden Genen
werden steuerlich begünstigt im Vergleich zu Menschen, deren Gene
nicht verändert wurden. Werden Genveränderungen in der Keim-

bahn vorgenommen, wird also Generationen übergreifend manipuliert, müssen höhere Rentenbeiträge gezahlt werden.

Das Gleiche gilt bei Versicherungen. Das Renten- und Versicherungswesen ist in den meisten Ländern privatisiert, und jeder ist in der Entscheidung über einen Abschluss frei. In Europa muss aber jeder einen Lebensberater haben, ggf. wird vom Staat ein Pflichtlebensberater zugeteilt, der dann mindestens einmal im Jahr aufgesucht werden muss. Im Prinzip muss sich der Bürger mindestens ½ Stunde im Jahr die Empfehlungen des Beraters anhören. Entscheidungen muss er dann selber treffen und Konsequenzen selber tragen.

Die meisten nutzen aber diese Dienste oft und bezahlen auch zusätzliche Berater. Es gibt auch viele, die sich mehrere Berater leisten können. Einige sind spezialisiert und empfehlen Versicherungen, Kapitalanlagen, Ärzte, Kliniken, Schulen usw.

Man hat sich am Anfang des 21. Jahrhunderts Sorgen um die alternde Bevölkerung in Deutschland gemacht und darüber, dass die Einwohnerzahl bedenklich schrumpfen wird.

Dies ist natürlich nicht eingetroffen, da die Weltbevölkerung weiter wuchs und das ausblutende Deutschland junge Einwanderer dankend aufnahm, um die Bevölkerungspyramide unten breiter zu halten. Viele der Neubürger hatten ein anderes Verhältnis zu Kindern als die „bequemen" Deutschen, so dass die Bevölkerungszahl Mitte des 21. Jahrhunderts auf 120 Millionen wuchs. Es war ein Irrglaube, dass ein Landstrich mit im Weltvergleich paradiesischen Verhältnissen halb leer bleibt, während in Afrika, Südamerika und Asien Menschenmengen in ärmsten Verhältnissen leben. Die neuen Einwanderer hatten schnell die Dienstleistungslücken gefüllt, was die alternde Bevölkerung begrüßte. Die Gewerkschaften mussten sich mit ihren Mindestlohn- und Arbeitszeitforderungen der Realität des globalen Marktes anpassen.

Peters Freund Sokrates konnte drei Monate lang keinen Job finden, weil er einen zu hohen Stundenlohn verlangte. Als er seine Vorstellung um 1/3 reduzierte, bekam er einen Job und ein halbes Jahr später hatte er mehr Gehalt als er ursprünglich wollte. Sokrates hat sich bewährt, er hat gezeigt, was er kann. Teilweise war er auch dazu gezwungen, denn er hatte sich schlecht gegen Arbeitslosigkeit versichert. Sein Lebensberater riet: „Sokrates, du bist fleißig und du kannst was - einen Job findest du immer, auch wenn es im Bayerland ist."
Sokrates hat auch einen guten Nebenjob – er ist anerkannter Wünschelrutengänger. Seit der Entdeckung der &-Strahlen ist das kein Mysterium mehr. Man hat seitdem einige als paranormal geltende Phänomene einfach erklären können. Durch eine Konzentrierung der &-Strahlen können buchstäblich Tische angehoben werden.

Im Jahr 2102 passierte etwas Sensationelles, etwas, worauf die Menschheit schon immer gewartet und das sie teilweise gefürchtet hat. Drei Monate lang wurde eine eindeutig intelligente Signalfolge aus einer benachbarten Galaxie empfangen. Experten konnten die Impulsfolge bis jetzt nicht dechiffrieren. Es liegt aber nah, dass die Nachricht von intelligenten Wesen, absichtlich oder nicht, ausgesandt wurde. Seitdem werden Raumschiffprojekte vorbereitet, um in

Richtung dieser Galaxie zu starten. Das bedeutendste und teuerste
Projekt ist der Flug einiger männlicher und weiblicher Minis0,2, der in
acht Jahren beginnen und mehrere Generationen lang dauern soll.
Wissenschaftler sind sich noch nicht einig, ob die Astronauten eingefroren oder in einen Trance-ähnlichen Schlaf versetzt werden sollen.
Allen Beteiligten ist klar - es gibt keine Wiederkehr der Entsendeten
auf die Erde. Die Chancen, dass man einen Planeten findet, auf dem
ein Weiterleben für diese Menschen möglich wäre, hat man auf 1 zu
900 errechnet. Anfangs war die Euphorie ziemlich groß. Spekulatio-
nen, Hoffnungen und Befürchtungen überschlugen sich. In den Medien gab es fast nur dieses Thema.

Mittlerweile hat sich das alles gelegt. Die Zeiten sind so schnelllebig,
dass alle paar Jahre etwas Spektakuläres geschieht, entdeckt oder
entwickelt wird. Als das vom Vatikan gehütete Geheimnis von einem
Journalisten offenbart wurde, gab es sensationelle Schlagzeilen. Der
Papst hat natürlich dementiert.   Nachdem dann im Laufe der Jahre
„jetzt aber wirklich" zum vierten Mal „das Geheimnis" gelüftet wurde,
hatte auch diese Geschichte keinen Reiz mehr. Überhaupt, in den
Bereichen Esoterik, Wahrsagungen und unheimliche Phänomene tat
sich regelmäßig etwas, wie heute auch. Einiges hat man als gute
Tricks enttarnt. Die Medien, es gibt etwa 300 000 Fernsehsender
weltweit, müssen den verwöhnten Zuschauern etwas bieten. Bei
dieser enormen Konkurrenz haben sich die Grenzen des Zumutba-
ren, des Erlaubten und des Extremen so verschoben, dass eigens
dafür geschaffene Kontrollbehörden jede Woche um die 30 Sender

oder Medienagenturen schließen lassen. Teilweise geschieht das gewaltsam und nicht selten mit Einsatz von Waffen.

Bestimmte Bevölkerungsgruppen, vor allen die wirtschaftlich besser gestellten Minis0,5, haben sehr viel Freizeit.
Dementsprechend wächst die Freizeitindustrie. Die Anzahl der Freizeitparks und Veranstaltungen aller Art stieg enorm. Ganze Wirtschaftszweige haben sich darauf konzentriert. Wilfried, Peters Lebensberater, hat einmal den ganzen Urlaub in einem Kampfjet über der Antarktis verlebt. Der Organisator bot Kampfspiele in echten Flugzeugen, nur die Waffen waren „präpariert“. Beim Volltreffer musste der Pilot des getroffenen Flugzeuges aussteigen. Wilfried fand das toll, nur einmal hat er sehr kalte Füße bekommen: als er 10 Minuten auf einer Eisscholle auf die „Abholung“ warten musste. Ein Jahr zuvor hat er an einem Unterseeboot-Versteckspiel teilgenommen. In einem 1-Mann-U-Boot sollte er zehn andere Spielteilnehmer, die ebenfalls per U-Boot unterwegs waren, in einem eingegrenzten Riff suchen. Der Gewinner bekam einen Spieltag gratis. Bei solchen und ähnlichen Attraktionen gab es auch schon mal Tote. Die Veranstalter hatten jedoch das Kleingedruckte im eigenen Interesse gut ausgearbeitet.

In speziellen Psycho-Studios entspannt Wilfried öfter. Es werden Pillen verabreicht, die ihn in einen tranceähnlichen Zustand mit interessanten Träumen versetzen. Im 21. Jahrhundert hat man das noch Drogenkonsum genannt. Die Substanzen, die man heute einnimmt, sollen ungefährlich sein und nicht süchtig machen – sagt man. Tatsächlich gibt es aber sehr viele Menschen, die solche Studios öfter besuchen oder besuchen müssen. Verboten wird diese Art der Freizeitgestaltung nicht, es darf nur nicht dafür geworben werden, und die Lebensberater empfehlen es nicht.

Das Angebot kostet einiges und sichert Arbeitsplätze der Pillenhersteller, der Studiobesitzer, der Psychiater und der Lebensberater. Wer es sich nicht leisten kann, geht dort nicht hin. Der, der nichts mehr hat und trotzdem vom Bedürfnis getrieben wird, hat ein Problem. Sollte das kriminelle Konsequenzen haben, hat diese Person ein großes Problem. Werden Geldstrafen nicht gezahlt, folgt eine Haftstrafe, die mit viel Arbeit verbunden ist. Man landet dann in einem sich finanziell selbst tragenden Gefängnis, das wie ein Unternehmen agieren muss.

Zellen, Einrichtungen, Wasser, Strom, Nahrung und Personal – all das muss von den Insassen erwirtschaftet werden. Die Höhe der Strafe und die Art des Verbrechens bestimmt, in welchem Gefängnis nicht eingesessen, sondern gearbeitet werden muss. Dieser Arbeitsdienst in Haft wurde in Europa nach einem großen Volksentscheid beschlossen. Viele lernen hier ihren dritten, manchmal sechsten Beruf, was die Resozialisierung sehr erleichtert.

Peters Mutter hat früher in der Verwaltung eines Körperteile-Institutes gearbeitet. Dieses Institut hat sich auf die Lagerung von Gliedmaßen spezialisiert. Ein paar hundert Hände und Beine für Menschen aller Größen hat sie verwaltet. Sie fungierte als Bindeglied zwischen Kliniken, in denen kürzlich verunglückten Unfallopfern eine Hand oder ein Bein transplantiert wird und tödlich verunglückten

Unfallopfern, die zuvor ihren Spendenwillen erklärt haben. Vorher arbeitete Peters Mutter an der Ausgabe der Herz-Nieren-Kühlanlage. Das war ihr aber zu eintönig.

Peters Vater Asna hat früher in einer chemischen Firma gearbeitet, die Kleidung und Anzüge mit besonderen Eigenschaften herstellte. Eine Art Tauchanzug, eng am Körper getragen, erzeugt Wärme – manch andere Kleidung Kälte und wieder andere wird auf Knopfdruck an der Oberfläche extrem hart und widerstandsfähig. Durch makrochemische ebenso wie durch herkömmliche chemische Prozesse werden diese Eigenschaften erzeugt.
Die Einsatzgebiete dieser Kleidung sind unterschiedlich. Taucher, Fallschirmspringer, Menschen, die mit wilden Tieren arbeiten, Feuerwehrleute oder Soldaten sind dankbare Abnehmer für Bekleidung mit derartigen Eigenschaften, die sich auch gut kombinieren lassen. Zelte oder andere provisorische Behausungen aus diesen Stoffen haben sich in lebensfeindlichen Regionen bewährt. Durch den Einsatz eines Behälters mit entsprechender Substanz kann einige Wochen wohnliches Klima garantiert werden.

Letzte Woche hat Peter wieder mal politisch gewählt bzw. mitentschieden. Es ging um die Frage, ob Homosexuelle, die in Lebensgemeinschaften mit mehr als zwei Personen leben, Kinder adoptieren können. Das Ergebnis lautete: Ja – mit 52 % Mehrheit.
Seit fast einem Jahrhundert gibt es die Möglichkeit, in Europa als Wähler politische Fragen mitzuentscheiden. Zurzeit werden 28 % der Stimmen im Parlament dem Volksentscheid zugeteilt. Den Löwenan-

teil von 72 % haben die Politiker. Alle Wahlberechtigten können e-
lektronisch (noch immer per UMTS) schnell Entscheidungen treffen.
Relativ oft erscheint eine Meldung auf dem Display, mit der vor der
Entscheidung an das Gewissen und die Besonnenheit des Wählers
appelliert wird. Der mündige Bürger wählt aber in der Regel „knall-
hart", vor allem, wenn es um Fehltritte der Politiker geht. Das Volk
„regiert" also kräftig mit. Die Zeit wird immer schnelllebiger – fast
jede Woche stehen Entscheidungen auf kommunaler und regionaler
Ebene an.
Europaweit werden jeden Monat Fernsehdebatten übertragen, in
denen im Anschluss einige Punkte von den Wählern per Knopfdruck
mitgetragen werden können oder nicht.

Peters Mutter war als junge Frau Köchin gewesen. In einer Großküche hatte sie so genanntes Designer-Essen zubereitet – also recht
preiswerte zerkleinerte Nahrung, die, in Form und Farbe gebracht,
dem „Original" in nichts nachsteht. Für den Gaumen gibt's dann entsprechende Geschmacksessenzen und Verstärker.
So lassen sich sogar z. B. Rinderrouladen dem Original so täu-
schend ähnlich nachahmen, dass mancher den Unterschied gegenüber dem natürlichen Lebensmittel nicht erkennt.
Form, Farbe und Festigkeit werden hier künstlich mit möglichst kos-
tengünstigen Komponenten erzeugt. Eine Kennzeichnungspflicht
besteht nicht, da mittlerweile 60 % der Nahrung weltweit so hergestellt wird.
Auf Speisekarten in feinen Restaurants werden aber die echten Klö-
ße oder das echte Rindfleisch deutlich gekennzeichnet. Der Chef der

Großküche, in der Peters Mutter arbeitete, war ein so genannter „Superhirni".

Seit etwa 50 Jahren gibt es einige superintelligente Menschen (IQ-Wert von ca. 320), deren Gehirnmasse genetisch manipuliert wurde. Man hatte Jahrzehnte zuvor Experimente durchgeführt, die jedoch keine guten Ergebnisse brachten. Zurzeit gibt es nur in Malaysia Institute, die aus Embryonen erfolgreich Genies machen.

Es ist ein sehr kompliziertes und teures Verfahren, dessen Anwendung sich die Professoren fürstlich bezahlen lassen. Ursprünglich war nur ein Professor entsprechend kompetent. Er verkaufte das streng gehütete Verfahren schließlich an drei weitere Kollegen. Diese machten sich selbständig und sind bis jetzt die einzigen, die das einzige funktionierende Verfahren der Genmanipulation zum Superhirni beherrschen. Da nur eine begrenzte Zahl der Eltern sich das für ihre Kinder leisten kann, sind die „behandelten" enorm gefragt, und zwar leider auch bei der Rüstungsindustrie.

Die extrem intelligenten Menschen bekamen schon mit 10 Jahren Angebote von Firmen, die bereit waren, ihre spezielle Ausbildung zu finanzieren. Eltern unterschrieben dann für ihre Kinder und banden sie langfristig an diese Firmen. Es wurden Ablösesummen vereinbart, für den Fall, dass sich das Genie von der Firma abwendet. Diese Menschen werden wie Stars behandelt und viele zerbrechen an den Erwartungen der Leistungsgesellschaft und denen ihrer Eltern.

Es wurde viel über diese Spezies von Menschen geschrieben und diskutiert. Die meisten bedauern sie. Unternehmen bedienen sich ihrer Intelligenz und nutzen sie zum Vorteil der eigenen Entwicklung. Anfangs las man in der Digi-Zeitung: „Ein 19-Jähriger hat sein zwanzigstes Patent angemeldet ..." oder „... Dank Max dem Superhirn konnten wir 800 Arbeitsplätze behalten ...". Später folgte dann die Meldung: "... unser Max ist nur 23 geworden". In manchen Ländern wird diese Entwicklung nicht befürwortet. Ein Verbot ist in der global vernetzten Welt aber unrealistisch.

Ein anderer Forschungszweig, in dem ein Vetter von Peter als Tester arbeitet, beschäftigt sich mit der Computer-Gehirn-Kommunikation. Eine eng anliegende Hightech-Mütze misst und verstärkt die schwachen Gehirnströme und verarbeitet sie digital. Das Übertragen von Befehlen an den Rechner oder Sender über bestimmte Gedankenarten ist so möglich. Den umgekehrten Weg, also das Senden von Informationen direkt in das Gehirn, entwickeln die Forscher gerade. Man hofft, nach diesem Prinzip Gedanken mindestens schemenhaft vom einen aufs andere Gehirn übertragen zu können. Die gemessenen gesendeten Impulse werden an die gleichen Stellen des Empfängergehirnes gesendet. Die Versuche laufen mittlerweile seit Jahrzehnten auf Hochtouren. Das Ziel ist, eine neue Kommunikationsart zu entwickeln. Aus alten Überlieferungen kennt man den Boom der Handys und den entsprechenden Umsatz. Ähnliches erhoffen sich die Entwickler des neuesten Mützensystems „Capy".
Eine von Petes Großtanten ist 103 Jahre alt geworden, nachdem sie sich für einige Jahre hatte „einfrieren" lassen. Dies war schon im 21. Jahrhundert ein Thema, als allerdings nur wenige Gutbetuchte diese damals noch als wahnwitzig angesehene Dienstleistung in Anspruch nahmen. Diejenigen, die sich auf das Abenteuer einließen, hofften, irgendwann „aufgetaut" und zum Leben wiedererweckt zu werden.

Die meisten taten es, weil sie unheilbar krank waren und in der Zukunft eine Heilungschance sahen. Heute sind die Motive die gleichen, es werden aber wegen der Erfolgschancen und der mittlerweile geringeren Kosten häufiger als früher Menschen „eingefroren", und zwar hauptsächlich Minis0,5. Die unterschiedlichen Körpergrößen machen sich auch hier im Preis deutlich bemerkbar. Für Menschen herkömmlicher Größe (bis 1,9 m) kostet das „Einfrieren" heute ca. 20 000 Deulro im Jahr, für Minis0,5 nur 2 500 Deulro, also auch hier wieder nur 1/8.

Auch wenn dieses Verfahren sich viele leisten könnten, wird in Europa nur ca. jeder 80 000-ste „eingefroren". Wir nennen das Verfahren hier „Einfrieren" – im Prinzip handelt es sich aber um eine komplexe Behandlung in mehreren Stufen, bei der das geballte medizinische und technische Wissen, das heute vorhanden ist, zum Tragen kommt.

Dass Minis diese Dienstleistung besonders häufig beanspruchen, hat nicht nur ökonomische Gründe. Sie haben aus eigener Erfahrung, auch durch die Entscheidungen ihrer Eltern, erleben können, dass es sich lohnt, auf riskantere innovative Unternehmungen einzugehen. Immerhin haben sie das sozusagen am eigenen Leib erlebt.

Wollte man früher preiswerter über die Jahrhunderte kommen, musste man sich damit begnügen, dass nur der abgetrennte Kopf eingefroren wurde, und man musste schon längere Wartezeiten miteinplanen, bis die Medizin Routine in der Transplantation von Köpfen hatte und das Ganze auch bezahlbar wurde. Deswegen hat man diese Variante ja gewählt. Hoffentlich wurden alle eventuellen Pannen in den Verträgen berücksichtigt, die die Zeitreisenden unterschrieben haben. Wir wollen nicht näher darauf eingehen, wer im Falle einer Vertragsverletzung gegen wen klagen sollte. Heute aber ist das Verfahren ausgereift und individuelle Einzelheiten oder Ausnahmen sind über den zuständigen Lebensberater geregelt. Stirbt dieser Lebensberater oder gibt er die Kanzlei auf, werden die Akten an einen jüngeren übergeben. Dieser vertritt die „eingefrorenen" Mandanten weiter. Ergeben sich im Laufe der Jahrzehnte neue Sachverhalte oder Probleme – macht z. B. das Einfrierinstitut Pleite – kümmert sich der Lebensberater um das weitere Schicksal des „Eingefrorenen".

Die ersten drei aus dem 21. Jahrhundert, die „aufgetaut" wurden als die Zeit gekommen war, dass deren Krankheiten erfolgreich hätte behandelt werden können, waren direkt gestorben. Offensichtlich war das Verfahren damals noch nicht ausgereift.
Auch die nächsten sechs überlebten nur noch einige Stunden im Koma liegend.
Erst nach jahrelangen Forschungen gelang es den Ärzten, einen Ex-Millionär, der sich mit 85 Jahren hatte „einfrieren" lassen, erfolgreich wiederzubeleben – nach 130 Jahren.
Als der mittlerweile 215 Jahre alte Mann gefragt wurde, was ihn am meisten nach diesem langen Tiefschlaf überrascht habe, meinte er:
„Die vielen kleinen Menschen. Ich habe mit modernster Technik und mit verschmutzter Umwelt gerechnet, aber nicht mit so was. Und je länger ich darüber nachdenke, umso besser finde ich es. Irgendwann wird es Wohnraum und Nahrung für alle geben. Wären meine

Familienmitglieder damals so klein gewesen, wären Sie jetzt wieder bei mir. Ich hätte deren Einfrieren auch bezahlen können."

Besonders gefreut hat sich der 215-Jährige über die mittlerweile schon länger üblichen Übersetzungsgeräte: Sie werden wie eine Halskette getragen. Man braucht lediglich leise hineinzumurmeln und schon ertönt laut und klar die Übersetzung des Gesagten in der eingestellten Sprache. Egal ob Chinesisch, Arabisch oder Russisch – alle Sprachen sind abrufbar, wenn das entsprechende Modul eingesteckt wurde. Das Gerät interpretiert Redewendungen und kann sinngemäß übersetzen – sogar im Dialekt.

Als Geschäftsmann kennt unser Ex-Millionär die früheren sprachlichen Probleme im Exportbereich: „Heute ist es eine wahre Freude, sich ohne Komplikationen mit jedem Ausländer unterhalten zu können."

Seinen fortgeschrittenen Darmkrebs konnten die Ärzte tatsächlich gut behandeln, so dass er noch weitere elf Jahre lebte – wobei er natürlich als erster „Wiederbelebter" von der Öffentlichkeit interessiert beobachtet wurde.

Man spekulierte mit der Zeit darüber, ob seine Verwirrtheit wohl auf das „Einfrieren", sein hohes Alter oder auf die vielen Reporter, die ihn bedrängten, zurückzuführen war. Vielleicht war es nur die Tatsache, dass sein Vermögen von ehemals 350 Millionen Dollar auf 0 geschrumpft war. Mit Interviews und Werbeauftritten ist der alte Geschäftsmann aber gut durchgekommen. Man stelle sich vor:

„Ich bin 215 und habe die Kraft der zwei Herzen – bumm, bumm."

Peters Onkel Alfredo hat eine dunkle Vergangenheit und ist das
schwarze Schaf der Familie. Seitdem er wieder Fuß gefasst hat, ist
er was man früher einen „Staubsaugervertreter" nannte. Er besucht
die Kundschaft mit Reinigungs-Robotern. Dabei handelt es sind aber
nicht um mechanische Blechkreaturen, sondern um Nano-Roboter in
Pulver- oder flüssiger Form. Der überzeugte Kunde kann die aktiven
Winzlinge in seiner Wohnung verteilen und sie arbeiten stundenlang,
bis Staub und Schmutz verschwunden sind. Ein kleines elektroni-
sches Gerät zeigt die Stelle an, an der die nicht zu verarbeitenden
Reste abgelegt werden. Da es viele solche Nano-Roboter-Systeme
und Verfahren gibt, sind auch viele freundliche Vertreter tätig, die vor
allem die Risiken und Nebenwirkungen deutlich erklären müssen.
Ein großer Verein – vergleichbar mit der früheren Stiftung Waren-
test – prüft diese Produkte ausführlich. Diejenigen, die nicht mindestens mit „gut" bewertet werden, müssen vom Markt genommen werden. Alfredos Renner ist letztens mit „sehr gut" bewertet worden –
sein Job ist damit für zwei weitere Jahre sicher. Die Familie freut sich
für Alfredo und hofft, dass er wenigstens in dieser Zeit „sauber"
bleibt. Alfredo ist nämlich ein Spieler – aber kein Zocker, der sein
Geld aus dem Fenster wirft. Nein, er ist Computerspieler, der seine
Freizeit – und manchmal nicht nur die – mit diversen Kampfspielen
verschwendet. Das Kritische dabei ist, dass er die Schmerz-Impuls-
Erweiterung bis an die äußerste Grenze hoch dreht und jeden Hieb
und Schuss intensiv miterlebt. Dass das nach einer Viertelstunde
gesundheitsschädlich ist, weiß er, gespielt wird jedoch bis zur Er-
schöpfung. Die üblichen Therapien haben nur bedingt etwas ge-

bracht. Alfredo ist einfach spielsüchtig, wie viele hunderttausend andere auch.

Seine Suchthelfer und Lebensberater meinen, es läge an seinem Gefängnisaufenthalt und den Problemen, die er mit seiner Frau hat. Alfredo hatte während seiner Haft als Programmierer und Spieletester gearbeitet. Der Grund für die dreijährige Strafe war Erpressung in mehreren Fällen. Alfredo hatte einigen ehrenwerten Herren aus der Nachbarschaft Wanzen und Minikameras an Taschen oder Mäntel geheftet und deren interessantesten Lebenspassagen „dokumentiert". Die meisten haben gezahlt.

Alfredo hatte das Pech, dass zufällig seine eigene Frau ein Techtelmechtel mit einem der verwanzten Herren hatte. Seine Unbeherrschtheit wurde ihm zum Verhängnis, denn nur wegen ihr flog alles auf. Mittlerweile ist der geschiedene Herr mit Alfredos Exfrau zusammen.

Alfredos Tante Mathilde hat sich entschlossen, ihre eigene Oma erneut zur Welt zu bringen. Wie geht das?

Mathilde ist glücklich mit Logan verheiratet, sie wünschen sich Kinder, aber Logan ist zeugungsunfähig.

Mathildes Oma hat ihre eigenen Gene einlagern lassen. Mit der schriftlichen Genehmigung der mittlerweile verstorbenen Großmutter lässt Mathilde diese Gene nun klonen und trägt sie in ihrer Gebärmutter aus. „Sie wollte es so, und wir wollen es auch" - sagt Mathilde „Wir wissen, wie unser Kind aussehen wird, wie es sich körperlich entwickeln wird. Unsere Oma war eine hübsche und im Beruf erfolg-

reiche Frau. So können wir uns unser Kind vorstellen und ich habe
meine Oma sehr gemocht. Vor ihrem Tode haben wir das Thema
Klonen ausführlich durchdiskutiert. Sie wollte so mit uns weiterleben." In Europa darf Mathilde das nicht machen lassen, aber in Malaysia ist es erlaubt.

Peters Cousin Otto ist Konstrukteur bei einer großen Maschinenbau-
firma, in der Maschinen hergestellt werden, die selbständig neue
Maschinen herstellen. Sie werden zumeist in abgelegenen, schwer
zugänglichen Gebieten und in der Raumfahrt eingesetzt. Auf dem
Mond und dem Mars gibt es viele solcher selbständigen Fabriken.
Man kann sich das so vorstellen, dass eine 5 x 5 x 10 Meter große
Maschinenanordnung z. B. auf dem Mars ca. 3 km von der nächsten
Basis entfernt abgesetzt wird. Eine Bohrvorrichtung holt z. B. Ge-
stein mit dem vorher entdeckten Erz aus dem Boden, befördert es in
eine Zerkleinerungsmaschine und anschließend wird in einem Ofen
das reine Metall gewonnen. Dieses Metall wird bearbeitet, in eine
Form gegossen, gebohrt, gefräst und mit den gewonnenen Substanzen, nach komplizierten chemischen Verfahren beschichtet und eine
schraubbare Halterung, eine Schraube oder ein Dübel entsteht. Pa-
rallel werden auf ähnliche Weise Solarzellen produziert, die dann
von fahrenden Robotern mit dem erstellten Zubehör aufgebaut und
angeschlossen werden. Ab dann werden die gefährlichen Mini-Atom-
Reaktoren zur Energieversorgung der Maschinenanordnung abge-
schaltet und die Batterien mit Sonnenenergie aufgeladen. Ist dieser
Zustand erreicht, sind diejenigen, deren Beruf es ist, diese Vorgänge

von der Erde aus zu überwachen, zufrieden, und erst recht diejenigen, die auf dem Mars leben und arbeiten.

Es hat lange gedauert, bis die erste Energieversorgung derart funkti-
onierte. Hauptsächlich war diese Entwicklung nur durch das Dasein
der Minis0,25 möglich, da die weiteren Weltraumreisen und später
dann die Ansiedelung auf dem Mars und dem Mond erst möglich
wurden, als anstatt eines Menschen damals herkömmlicher Größe
64 Minis0,25 in einem Raumschiff herkömmlicher Größe Platz fanden und an ihrem Bestimmungsort effektiv eingesetzt werden konnten.

Zu Beginn der Erschließung fremder Planeten gab es zahlreiche
unterschiedliche Maschinen, die verschiedenste Aufgaben hatten.
Die Hauptaufgabe bestand zunächst im Aufbau von Stationen auf
den Planeten. Platten zur Erstellung von Gebäuden und Räumen
wurden gefertigt. Vorhandenes Eis wurde in Sauerstoff umgewandelt
und in die Gebäude geleitet, so dass die Menschen in diesen Räumen ohne spezielle Ausrüstung atmen und sich normal bewegen
können. Als längerfristiger Wohnraum werden die Behausungen auf
dem Mars noch nicht genutzt. Es handelt sich bisher noch um Auf-
enthaltsräume für die wenigen Menschen, die vor Ort arbeiten. Tou-
risten gibt es schon. Zumeist sind sie Millionäre und finanzieren den
Aufbau teilweise mit.

Die Hauptaufgabe der Minis, die hier arbeiten, ist die Wartung der
vorhandenen Maschinen und Roboter und vor allem die Überwachung des Alls, um große Asteroiden rechtzeitig zu erkennen und die
Kollegen auf der Erde vor einem eventuellen Aufschlag zu warnen.
Mit geeigneten Maßnahmen, z. B. Räumung der errechneten Auf-

schlagstelle oder Abschuss des Gesteinbrockens, können die Menschen auf der Erde dann reagieren. Schon mehrmals hat man tonnenschwere Brocken kurz vor dem Aufprall durch einen Abschuss zerkleinert. Die Teile, die dann auf der Erde niedergingen, hatten zum Glück wenig Schaden angerichtet.

Ein wichtiges Datum und ein großer gesellschaftlich bedeutsamer Schritt der Verkleinerung der Menschheit war die Geburt des Mini-Prinzen Bonifacius als Spross der holländischen Königsfamilie und Mini0,5. Dieses Staatsereignis liegt jetzt 28 Jahre zurück und hat gerade ein zweites zur Folge, denn der Prinz heiratete vor kurzem eine Deutsche, die ebenfalls adelig und – das ist das Besondere – ebenfalls als Mini0,5 geboren wurde. Dies ist die weltweit erste Hochzeit, die zwar mit dem auch heute schon bekanntem Medienrummel aber mit zwei adeligen Minis als Hauptdarstellern zelebriert wurde. Die Monarchie wollte damit ein Signal dafür setzen, wie auch ihrer Meinung nach die Wohnraumproblematik in Holland durch kleinere Menschen langfristig zu lösen wäre.
In den letzten Jahrzehnten hatten verheerende Sturmfluten hunderte von Menschenleben gefordert. Die schon erhöhten Dämme hatten den Naturgewalten nicht stand halten können. Nach diesen Katastrophen waren viele aus den Gefahrenzonen weggezogen.
Da das holländische Hinterland diese Menschen nicht aufnehmen konnte, sind viele Niederländer nach Mitteleuropa ausgewandert.
Dem Königshaus, seinen Veranstaltungen und dem Leben der blaublütigen Familien wird nach wie vor sehr viel Aufmerksamkeit geschenkt und eine sehr große Rolle beigemessen. In Zeiten des ver-

einigten Europas, in dem die Grenzen ebenso verwischt werden wie
viele moralische Sichtweisen, suchen die Leute nach Identifikati-
onsmöglichkeiten und Vorbildern. Die Mitglieder der Königsfamilien,
aber auch die übrigen Adeligen sind so immer mehr zu Medienstars
geworden. Umso wichtiger war diese Heirat der königlichen Minis für
die Verkleinerungsbewegung weltweit. Unter Adeligen war sie nicht
unumstritten, doch auch diese Skeptiker konnten sich schließlich der
zwangsläufigen Entwicklung nicht verschließen.

Die Kinder von Peters Tante, auch Minis, sind dem letzten Trend
vollends verfallen: Jeder zeichnet verdeckt einen geraden Strich auf
ein DIN-A3-Papierblatt. Derjenige, dessen Strich auf den 42 cm der
Geraden Linie am nächsten kommt, hat gewonnen. Ein kleines opti-
sches Gerät wertet die Abstände der Striche aus und verteilt danach
Punkte. Einen geschummelten Strich erkennt dieses Gerät sofort.
Es gibt sogar Meisterschaften. Die Gewinner signieren Ihre Blätter
und die Fans handeln damit wie mit Kunstwerken.
Solche Trends kommen und gehen, manche wiederholen sich nach
zwanzig bis dreißig Jahren. Hula-Hoop-Reifen waren in den letzten
100 Jahren fünfmal angesagt, der Trend Skubidu-Bänder zu knüpfen
wiederholte sich achtmal, das Packmann-Spiel kam als Oldie sogar
neunmal wieder auf den Markt und wurde zum Kassenschlager.
Das Skurrilste und Spektakulärste In-Spiel war vor kurzem das
Sammeln der Schädel von Minis. Das hatten sich ein paar gelang-
weilte Jugendliche aus der Europa-Region Rumänien ausgedacht.
Sie besuchten nachts Friedhöfe und raubten die Schädel. Der Spit-

zenreiter hatte um die 18 Trophäen angesammelt – und zwei Jahre Jugendarrest dafür bekommen - ein gigacooler Typ.

Da wir schon fast beim Thema sind: Die Satanisten haben alle Jahre wieder von sich hören lassen. Bei Ausschreitungen wurden hauptsächlich Minis0,5 und kleinere bedroht. Da die meisten von ihnen aber mit einem Funkalarm-System ausgerüstet sind, war der Spaß für die Satanisten schnell zu Ende. Nach ein bis zweijährigen Haftstrafen ist keiner von denen rückfällig geworden. Die Richter hatten sich ein besonderes Betätigungsfeld für die kleinen Teufel ausgedacht: Sie mussten in den Kohlengruben tätig werden. Heutzutage liegt die zu fördernde Steinkohle erst ab zwei Kilometer Tiefe vor und es ist ziemlich heiß da unten. Wer diese Hölle einmal erlebt hat, will nichts mehr von Satan wissen. Natürlich wurden den Inhaftierten nicht gerade die neuesten kühlenden Arbeitsanzüge zur Verfügung gestellt!

Es gab im Laufe der Jahrzehnte verschiedene Sekten und Gruppierungen. Von den harmlosen Esoterikern bis zu Anhängern brutaler Hexenkulte steigerten sich einige in eine extreme Weltsicht hinein. Geheimbünde entstanden, sogar die Templer mit ihren alten Geheimnissen um das ewige Leben sind wieder aktuell geworden. Gruppierungen von Menschen mit genmanipulierten Gehirnen und teilweise gefährlich hoher Intelligenz wurden schnellstens zerschlagen. Man befürchtete rassistische Tendenzen der Genies. Die meisten von ihnen schöpften ihre außergewöhnliche geistige Leistungsfähigkeit bisher gut aus und besetzten schnell Führungspositionen mit hohen Gehältern. Manche Unternehmen lassen diese Personen heimlich überwachen aus Angst vor für die „normal" Intelligenten unberechenbaren Machenschaften der Superhirnis.

Das Recht auf Datenschutz ist nur ein theoretisches Recht, das der Staat offiziell propagiert. In Wirklichkeit hat jedes Unternehmen einen mehr oder weniger geheimen Beauftragten, der meistens die Öffentlichkeitsarbeit macht und einen Stab von Spitzeln befehligt. Diese sammeln Daten von Kunden, Mitarbeitern und Mitbewerbern mit dem Ziel, das eigene Unternehmen zu sichern und terroristischen Bedrohungen – vor allem solchen durch Bio-, Nano-, Gen- und Atomtechnik – zu begegnen.

Es gibt einen offiziellen Sicherheitsverband der Unternehmen, der eng mit den Nachrichtendiensten der Staaten zusammenarbeitet. Die Anzahl der Beschäftigten in der Sicherheitsbranche hat sich im letzten Jahrhundert verzehnfacht. Mit dem von früher bekannten Datenschutz hat das nichts mehr zu tun. In Bereichen dieser gefährlichen Technologien wird alles kontrolliert und beobachtet. Menschen mit einer nicht eindeutigen Vergangenheit werden hier erst gar nicht beschäftigt – noch nicht einmal als Putzhilfe. Sobald kleinste Mengen einer brisanten Substanz fehlen, wird dies sofort weitergemeldet. Ein großes Rechnersystem koordiniert die Suche und analysiert die Hintergründe des Falles. Es sind nicht nur fanatische Terroristen an den Substanzen interessiert. Auch andere kriminelle Banden und Einzeltäter machten sich die von ihnen ausgehende Bedrohung zu Nutze und versuchten in der Vergangenheit, damit Geld zu erpressen. Vor Jahren hat ein Erpresser seine Drohung wahr gemacht und eine Nano-Masse, die alles, was mit ihr in Kontakt kommt, in die Ursprungssubstanz verwandelt, im Freien ausgesetzt. Das Resultat:

Innerhalb von einem Tag waren drei Quadratkilometer Wald einfach verschwunden. Es blieb nur eine klebrige graue Masse übrig. Das Ganze konnte glücklicherweise relativ schnell entdeckt werden und man hatte ausreichend Dekontaminationsmittel heranschaffen und den Prozess aufhalten können. Wären zwei Tage vergangen, wären neun Quadratmeter Wald zerstört worden – oder alles andere, was sich auf der betroffenen Fläche befunden hätte.

Ein anderes, besonders kritisches Ereignis versetzte am 11.09.2055 die Menschen in der ganzen Welt in Angst um ihre Existenz. Ein großer, gerade erbauter Teilchenbeschleuniger geriet kurz nach seiner Inbetriebnahme beinahe außer Kontrolle und hätte um ein Haar einen Super-GAU verursacht.   Es sah urplötzlich so aus, als ließe sich die Beschleunigung nicht mehr anhalten.
Wäre es dazu gekommen, wäre das die letzte Katastrophe auf der Erde gewesen, denn dieser Unfall hätte den Erdball zerstört. Nach den Berechnungen der Experten hätte nicht einmal unsere Sonne dem Stand gehalten.
Analysen ergaben: Wäre die Leistung des Teilchenbeschleunigers nur um 30 % höher ausgelegt gewesen, hätte er ein Schwarzes Loch erzeugt. In wenigen Sekunden hätte sich dieses Loch vergrößert und die Erde, der Mond und die Sonne wären in ihm in einem Sog der fast unendlichen Gravitation verschwunden.
Seit dieser Beinahe-Katastrophe, die mit der Abschaltung des Beschleunigers noch gerade abgewendet werden konnte, ging man vorsichtiger mit dieser und anderen Technologien um. Es wurden neue Sicherheitskommissionen gebildet, die alle kritischen Experi-

mente untersuchen. Die Kontrolleure haben in jedem Labor der Welt
freien Zutritt und sind berechtigt, alle und vor allem die kritischen
Versuche zu begleiten. Die mächtigen Nationen der Welt waren sich
schnell einig, den Forschern intensiver über die Schultern zu schau-
en. Viele Unternehmer befürchteten, ihre Entwicklungen könnten zu
früh offenbart und die Firmengeheimnisse verraten werden. Dem
begegnete man mit der Vereidigung der Kontrolleure, die sich damit
dazu verpflichteten, keine Informationen an die Wettbewerber wei-
terzugeben. Bis auf ein paar Ausnahmen blieb das auch so.
Die Arbeit der Kontrolleure ist sehr effektiv. Hunderte von Labors und
Institute, die nicht kooperieren wollten oder Versuche mit unüber-
schaubarem Risiko planten, wurden bisher bereits geschlossen.
Speziell im Bereich Bio- und Nanotechnologie sind die Kontrollen
streng und die Konsequenzen klar. Viele kleinere Staaten protestier-
ten und drohten sich zu wehren, doch die sechs großen Nationen
waren sich einig und blieben konsequent. Die erbitterten Aufstände
derjenigen, die sich benachteiligt fühlten, konnten durch die Zusage
von hohen Subventionen zum Zwecke der sicheren Forschung in
diesen Bereichen ohne militärische Auseinandersetzung beigelegt
werden. Die Panik vor einem Weltkrieg, zu dem sich das Problem
zuzuspitzen drohte, saß tief.
Peters Urgroßvater konnte sich noch genau an den Tag erinnern. Er
war damals acht Jahre alt, und fragte seinen Vater, was diese ganze
Aufregung solle. Der erwiderte: „Wir waren und sind dem Treiben der
Wissenschaftler ausgeliefert, aber gut, dass sich die Erde weiter
dreht.“

WAS HABEN WIR GETAN?

Wir schauten in die Zukunft und haben aus der heutigen Sicht mit
den Möglichkeiten von Morgen hantiert. Die wachsenden Probleme
der Zukunft haben wir uns vor Augen geführt.
Und wir haben eine Lösung analysiert, wohl bemerkt auch aus der
heutigen Sicht.
Es wurden hier einige Überlegungen aus den unterschiedlichen Bereichen angestellt. Sicherlich blieben viele Aspekte unberücksichtigt
und bei einigen wird sich in 20 Jahren oder früher herausstellen,
dass sie heute falsch beurteilt wurden. Beim einen oder anderen
Punkt wird das für manchen jetzt schon klar sein.
Wie man die Dinge einschätzt, hängt von der Einstellung und Sichtweise jedes Einzelnen ab. Grundsätzlich muss man alles, was in 50
Jahren passieren könnte der Spekulation zuordnen.
Bestimmte extreme Ereignisse (Katastrophen, Kriege, Erfindungen
oder Entdeckungen) könnten den Lauf der Welt entscheidend verändern, so dass die vorangegangenen Überlegungen teilweise hinfällig
werden und sich eventuell neue Möglichkeiten eröffnen. Von einem
extremen Verlauf der Weltgeschichte sind wir hier nicht ausgegan-
gen, da er nicht so wahrscheinlich erscheint. „Kleinere" Kriege, Katastrophen oder Epidemien wird es immer geben, die „großen" Weltkriege zu verhindern, ist die wichtigste Aufgabe der Politik.
Wir könnten mit der Vergrößerung der Welt durch die Verkleinerung
des Menschen die zu erwartenden Konflikte reduzieren, denn wenn
die Minis0,5 achtmal mehr Raum, Ressourcen und Lebensmittel

haben, wird das Konfliktpotential geringer. Und wenn die Wissenschaftler ihre Arbeit gut machen und die Weltbevölkerung dieses Vorhaben unterstützt, könnte die Menschheit einen Weg finden, der als ein positiver Ausweg gesehen werden könnte.

Ende

Über Ihre Meinung und Kritik würde ich mich freuen.
Woldemar-Wenzelsky@web.de